# 這個世界爛透了，我們動手做個好的吧！

## 勇敢行動、發揮影響力的五大原則

# BE FEARLESS

## 5 Principles for a Life of Breakthroughs and Purpose

Jean Case

婕恩·凱斯——著

葛窈君——譯

把所有失敗、
所有功虧一簣的次數加起來，
你願意再試一次嗎？

如果失敗不會構成障礙，
如果冒險是常態，
你能想像這會是個什麼樣的世界嗎？

當眼前的挑戰顯得無法逾越，
更應該要嘗試新的想法、新的事物，
找出看似不可能的夥伴，
大膽設定目標。

要創建更美好的世界，
要帶來真正的不同，
就必須冒更大的險，
下更大的賭注。
即使失敗了一次又一次，
還是要站起來，讓夢想更加壯大。

要活得值得，
就要擁抱挑戰。
要冒險、勇敢、在失敗中前進。
無懼向前。

## 目次

## 原則3—讓失敗有意義

# 【推薦序】

珍・古德（Jane Goodall），哲學博士，皇家女爵士（DBE）
珍古德協會創辦人
聯合國和平大使
www.janegoodall.org.tw

在我環遊世界與人分享的重要訊息當中，其中一項就是我們每個人都有需要扮演的角色，我們每一個人、每一天都在我們身處的環境與社群中留下某些印記，而且我們可以選擇自己想要留下什麼樣的痕跡。

這則訊息也是國家地理學會（National Geographic Society）主席婕恩・凱斯所撰寫的《這個世界爛透了，我們動手做個好的吧！》要向讀者傳遞的主要訊息之一，呼應貫穿全書的殷殷呼籲：我們每一個人都要勇敢無懼——或者應該說我們必須在有需要的時候克服恐懼，做該做的事。

我個人非常了解這則訊息有多麼重要，我的整個人生就是在回應「無懼」的召喚。我很幸運，十歲的時候就知道我想要去非洲，去和野生動物生活在一起，並且撰寫相關書籍。幸好我有一個了不起的母親肯支持我。其他每一個人都勸我換個可以實現的夢想（畢竟我們的家境不好，當時第一次世界大戰打得正激烈，非洲感覺遙不可及，而且我還是個女孩子），我的母親卻只是對我說，我必須非常努力、把握所有機會，然後永不放棄。我真希望她現在還健在，這樣她就能知道有多少人對我說：「謝謝妳，珍。我從妳的身上學到：既然妳做得到，我也能做到。」

嗯，我想很多人都知道我確實去了非洲，在絕佳的機緣下和黑猩猩一起生活，從這種最像人類的動物身上學習。這是史無前例的創舉。我常被問到：「妳一個人在荒郊野外難道不害怕嗎？」當然有時候我會害怕。人類生來如此，恐懼讓腎上腺素在血管內奔流，讓我們有勇氣去做看似不可能的事。當時我為了就近觀察黑猩猩早上醒來的情況而睡在星空下，豹子詭異的大聲嗥叫讓我害怕。我告訴自己不會有事的——然後我把頭埋進毯子裡！當兩隻公水牛從樹叢裡衝出來的時候我也很害怕，狂飆的腎上腺素讓我爬上了一棵看起來根本爬不上去的樹。（結果爬下來時需要更大的勇氣，因為我不確定那兩隻公牛是不是還躲在附近守著。很幸運的是牠們已經離開了！）另一次讓我害怕的經驗，是有一群黑猩猩不再怕我而是把我當成掠食者，對著我尖叫、揮樹枝，作勢要衝過來。我裝出對牠們不感興趣的樣子，在地上挖了個小洞，假裝吃樹葉，最後牠們終於走了！

後來所有黑猩猩都習慣了我的存在，所以我能走到很靠近的地方。很快我就幫牠們一個個取了名字，認識到牠們有非常不同的個性。我還學會了牠們溝通的姿勢，像是親吻、擁抱、互相輕拍、伸出手表示請求等等，幾乎和我們人類在相同情境用的姿勢一樣。我看著牠們用草莖釣白蟻。我注意到牠們的一些情緒像是快樂、悲傷、恐懼、憤怒、沮喪、憂愁也跟我們很像（或者可以說是完全一樣）。

那是我生命中一段神奇的時光。

然後在我花了一年出頭的時間和黑猩猩共度以後，我必須到劍橋大學取得動物行為學的博士學位——儘管我從沒上過大學。在劍橋大學我必須發揮「無懼」的精神，克服另一種截然不同的恐懼：想想看，當那些我又敬又怕的教授告訴我，我以前做的一切都錯了的時候，我有什麼感受？我不應該給黑猩猩取名字，用數字編號才符合科學。我不應該探討黑猩猩的個性、心智和情感，因為這些特質是人類獨有的。幸好我沒上過大學，所以從來沒有人跟我說過這些！而且我小時候有個很棒的老師，那就是我的狗，銹銹（Rusty）！凡是曾經與動物有過一定程度互動的人，不管是哪一種動物，都會體認到動物也有智慧和性格，以及最重要的感情，這些都不是人類的專利。我的母親總是對我說，如果我相信自己是正確的，就必須有勇氣堅持信念。所以說是銹銹和我的母親幫助我克服了恐懼，勇敢面對那些教授。

今日的大自然需要我們的援助。曾經讓我們學到許多東西的黑猩猩正深陷困境，還有其他許許多多美妙的動植物也因為森林逐漸消失而面臨絕境。林地、沼澤地、草原，事實上所有的生物棲息地都是同樣的情況。生物多樣性正在消失。我們不斷汙染土地、河川、海洋。人類和地球被眾多難題圍困，亟需找出能夠延續到未來永久的解決方法。

這也是為什麼本書猶如一場及時雨。歷史上從來沒有任何時候比此刻更需要「無懼」的精神，更需要去打破人們的安於現狀，更需要我們每一個人站出來採取行動，去改變我們的世界。

我們必須努力讓所有人動起來，去改善惡劣的情況，改正我們察覺到的錯事。這本書收集了鼓舞人心的故事，並且提供必要的工具，讓每個人都能做出正確的行動。

我在一九九一年創設了根與芽計畫（Roots & Shoots），這是珍古德教育及保育協會為了全世界各地的年輕人所推行的教育計畫，對象包括從幼稚園到大學的學子。每一天我都在這個計畫的活動中看到「無懼」的價值。現在有超過十萬個根與芽小組活躍於七十個國家，年輕人在小組活動中努力讓人們、動物以及環境變得更好。根與芽要傳遞的最重要訊息就是：每一個人每一天都能造成改變。而在某些情況下，要改變意謂著必須克服恐懼。我們必須不害怕為了自己的信念而奮鬥，不害怕做出正確的選擇。當數以百萬計的人們做出正確的選擇，累積而成的力量將帶領我們邁向一個更美好的世界。

所以就在此刻，在各位閱讀婕恩·凱斯撰寫的這本書的同時，希望尚未加入任何活動的你能從中找到行動的力量，知道你也能夠改變這個世界。這本書裡面網羅了許多故事，不僅生動刻畫出「無懼」的五大原則，也證實了人人都能帶來改變。改變不必非得驚天動地，你可以嘗試當志工，去協助那些你認為很重要或是有意義的組織，像是撿垃圾、拜訪獨居老人，或是到動物收容所去照顧流浪貓、流浪狗。你可以積極參與保護環境的活動，挽救受到過度開發威脅的自然環境。試著去關心正在發生的事，包括你周遭發生的事，以及更大範圍的變化。遲早有一天你會找到真正激發你熱情的事物，讓你難過、生氣，義憤填膺。這個時候請捲起你的袖子，採取行動，無懼向前。

# 前言　找到無懼的勇氣

這本行動綱領是寫給所有追求不平凡人生的人。或許你就是那個人。

如果你認為，只有少之又少的天才或是天之驕子，或是擁有龐大資金的組織，才有辦法推出劃時代的產品，才有辦法推動改變這個世界，那麼我建議你來看看這本書裡面的故事，看看來自各種不同背景的人如何無懼地化不可能為可能。他們的成就會讓你讚嘆不已，你可能會猜想他們有某些特殊的能力或是得天獨厚的條件，才使得他們從眾多平凡的奮鬥者當中脫穎而出。但是我要告訴各位，這些人唯一的共同特徵是：他們全都懷抱著想要讓世界變得更好的熱情。他們緊緊把握住機會，不管遇到什麼樣的艱難險阻和反對，儘管不斷失敗依然堅持下去，最後終於成功。今日我們看到這些風雲人物的成就，不禁要感慨若是沒有這些人的貢獻，世界不知道會是什麼樣子。然而，在本書中你將會發現，他們很多人的故事不僅深具啟發性，而且提供了有益的參考指南，讓我們看到，人人都能在生活中的各方面做出更多貢獻，成為指引其他人前進的無懼燈塔。

今日全球面臨的挑戰如貧困、內亂、政治僵局、經濟分歧、氣候變遷每天佔據新聞版面，如果說你感覺這些問題太過複雜龐大，與其嘗試去解決，還不如假裝視而不見比較輕鬆——請記住，現在正是最好的參與時機。大量的科技創新正在改變我們的生活方式，為了趕上快速的變化步調，我們必須重新思考以往做事情的方式。

外子史蒂夫（Steve）和我在一九九七年成立了凱斯基金會（Case Foundation），我們有一個無懼的使命：投資贊助有可能改變世界的人或創意。這意謂著我們一直在從事研究與實驗，試圖找出最棒的點子、最優秀的領導人、最優異的創新模式。幾年前，我們請了一組專家去探究這些傑出領導人與組織、活動的成功「祕方」，結果發現了五大原則持續出現在每一次的轉型突破當中，這五大原則就是：

1. **敢賭一把**。有太多人和太多組織傾向打安全牌，他們觀察以往成功的經驗，然後試著依樣畫葫蘆，結果是只能用小碎步向前進。真正改變歷史的變革，總是發生在人們決定做出革命性的改變時。

2. **勇於承擔風險**。放膽去嘗試結果未知的新事物，堅持不斷試驗。所謂承擔風險，不是叫你閉著眼睛往懸崖下跳，而是漫長的「試誤」過程，在嘗試錯誤之後持續修正。而且這個過程並不會隨著產品上市或是活動上線而中止，你必須願意冒險嘗試下一個了不起的點子，絕不安於現狀。

3. **讓失敗有意義**。成就大事業的人把失敗視為通往成功的必經之路。沒人喜歡失敗，但是在嘗試新事物的時候，結果必然無法預期。遇到失敗時，偉大的創新者會從挫折中汲取教訓，並與其他人分享，讓失敗變成有意義的經驗。

4. **不要活在自己的泡泡裡**。我們的社會有個迷思，就是崇拜「特立獨行的天才」。但其實創新往往是擦撞出的火花，最獨出心裁的解決辦法常來自於不同背景的人們互相交流，締結意想不到的嶄新夥伴關係。

5. **讓急迫性打敗恐懼**。不要想太多、分析太多。想要從各種角度去解析問題是人之常情，但如果過度執著，一直追問「要是錯了怎麼辦？」「會不會還有更好的辦法？」就會被恐懼困住而動彈不得。把目光放在行動的必要性與急迫性，讓所有懷疑與阻礙統統靠邊站。

這五大原則可以濃縮為兩個字：無懼。這些原則合在一起可以讓人按圖索驥，有效實現改變，但是很重要的一點是，這些原則並不是「定律」，沒有一定的順序，沒有固定的配套，也沒有哪一項比較重要。你可以把這些原則想成一套指標，用來協助辨識出無懼的決定。

我們把這些原則和朋友及同事分享，然後開始聽到很多人想要把這些原則融入他們的工作中，包括公私部門、非營利和公益等部門，讓我們肯定了這是一個重要的發現。

當我在演講中介紹無懼的原則，聽眾總是因為得到了具體的建議而興奮不已。如同某一個聽眾對我說的：「這些事我做得到！」演講結束後，常有很多人過來告訴我他們自己的無懼故事，這些故事打開了我的想像之窗，讓我滿心敬佩：一個十四歲的女孩創立了非營利機構從事處方藥物的回收棄置；有家麵包店專門雇用其他人避之唯恐不及的剛出獄的更生人；一個古巴移民創造出一套體系提供平價的居家協助；賴比瑞亞的一位行動家規劃出幫助偏遠村莊取得就診機會的計畫；有個年輕的農夫發明了「免耕農法」來保育地球最寶貴的一項資源；華盛頓特區的一位名廚想出辦法供應了數百萬份餐點給身陷困境的颶風災民。

這些人有偉大的夢想，但是他們大多是從熟悉的一小步開始做起。閱讀他們的故事就像在追蹤沿路撒落的麵包屑：他們打了一通又一通的電話，敲了一扇又一扇的門。他們用大大的字寫下願景。他們談了又談，走了又走。他們找到支持群眾。他們不接受「不」這個回答。他們做的是每個人都能做到的事。

不論你正打算創業，或是正站在人生的十字路口，也有可能你正在知名的組織內服務，或者是想要尋求改變人生的契機，不管是哪一種情況，無懼原則都能提供指引，幫助你決定下一步行動。說做就做，現在就是最好的行動時機。

我很欽佩那些勇於面對挑戰的人，他們時常問自己、問身邊的人：「如果排除了害怕的情緒，你會怎麼做？」本書的主角正是用更勝於言語的行動來回答這個問題的人，包括革新者、行動家、創業家、藝術家、科學家、探險家，以及來自各行各業各種組織的人，其中有些人的名字家喻戶曉，有些人你可能從來沒有聽過。在閱讀他們的故事時，我希望你能想像自己就站在這些人的身旁，與他們攜手同行。

# 我的故事——揮別平凡

我個人的無懼旅程有著最平凡的起點——名副其實的平凡，因為我成長的小鎮就是伊利諾州的「平凡鎮」（Normal），恰好位於中西部核心區的中央。六〇年代時，平凡鎮是伊利諾州立大學和州立農業保險公司（State Farm Insurance）的所在地，也是「牛排奶昔漢堡店」（Stake'n Shake）的發祥地，這家餐廳的企業標語主打透明化的好處：「看得見最安心」，就在顧客眼前製作美味的漢堡，讓顧客驚嘆連連。

如同中西部的許多市鎮，平凡鎮有各色各樣的人物：藍領工人、小商店老闆、教師、企業主管，還有努力維持收支平衡的「月光族」。我們家那條巷子住的鄰居有伊利諾州立大學的教授、鎮上A＆W漢堡店得來速分店的店長、工廠工人，還有像我爸一樣的長途卡車司機。

住在平凡鎮這種地方，人人都認得你，叫得出你的名字。我家後面就是一片玉米田，我會在一列又一列玉米間的狹窄小徑上奔跑，探索附近的原野和小溪。我的短髮和運動衫裝扮有時候會讓我被誤認為男孩；我沒有在四處閒逛的時候，大概就是在和附近的男孩們組隊打球。輪到我當四分衛的時候，我的兩個哥哥會守在前面攔阻任何想要接近我的人。（雖然事後他們會勸告我：「想要男孩子喜歡妳的話，打籃球一對一單挑的時候應該讓他贏妳啊。」）

我們家是從芝加哥搬過來的，因為爸媽覺得這個小鎮會是比較理想的養育小孩環境。頭幾年是還不錯，但是隨著我們慢慢長大，我媽開始擔心平凡鎮能提供的機會有限。她對孩子的期望很高，如果繼續待在這裡，她怕我們無法發展。

差不多就在我媽開始擔心我們的未來的同時，我經歷了人生的第一個轉捩點：我爸媽離婚了。於是我媽成了帶著四個拖油瓶的單親媽媽，晚上當服務生養家餬口。那段日子很苦，幸好有外公外婆幫忙。

我的外祖父母是在經濟大恐慌前夕從德國來到美國的，他們不會說英語，能找到什麼工作就做什麼。外公幹的是體力活，把鋼琴扛上沒有電梯的公寓；外婆則是在自家浴缸釀啤酒，賣給附近其他的德國移民（當時美國還在實施禁酒令）。隨著英語進步，他們能做的工作跟著變多。來美國還不到十年，他們已經開始自己做起小生意，先是在芝加哥開了一家窗簾清洗店，後來在平凡鎮的姊妹城市布盧明頓（Bloomington）落地生根，買下了靠近主街的一間旅館經營。

我就是在外公外婆的旅館首度體驗到生意人的甘苦。因為我媽上晚班，所以她總是在白天空檔時把我們幾個小孩抓起來帶去旅館，看有什麼能幫忙的地方。兩個哥哥把煤鏟進暖爐，我們姐妹倆跑腿做雜事。每次有機會坐到那張大大的接待桌後面假裝自己是老闆的時候，我就覺得自己真是全世界最幸運的小孩。櫃台有個大玻璃櫃，裡面放著糖果和一些用品，外婆注意到如果我坐在櫃台後面，客人買東西的意願會提高很多。她認為這是因為大家都想要對小孩展現友善，所以她鼓勵我接待客人，或者是當她坐櫃台工作時陪在她旁邊。

外公外婆無懼的美國旅程以及勤奮的工作態度，讓我從小就學到即使沒有豐沛的資源、人脈或技能（包括語言能力），還是可以活出有建樹的人生。外公外婆除了給予我們諸多幫助，還是鎮上的意見領袖，因為做出許多貢獻而廣受尊敬推崇。

但是我的母親愈來愈堅信，為了更好的發展，我們必須離開平凡鎮這個安樂窩。所以儘管沒什麼財力，還有四個小孩要顧，她還是決定縱身躍入未知。我清楚記得宣布搬家的那一天，她說我們要搬到兩千公里外的佛羅里達州羅德岱堡（Fort Lauderdale），十一歲的我滿腹懷疑聽著她描述搬過去以後會有多棒。我們在那邊沒有半個認識的人，可是我媽的樂觀態度很有感染力，就是有辦法讓這件事感覺起來像是一場偉大的冒險。事實上到最後也確實是場大冒險。

我在平凡鎮上的是公立學校，搬家以後，我媽開車帶我到龐帕諾比奇（Pompano Beach）公立中學報到的那一天，眼前的景象讓我目瞪口呆：窗戶上釘著膠合板，牆上滿是噴漆塗鴉，走廊上還有警察來回巡邏。佛州不收個人所得稅，這意謂著學校經費少得可憐。我們往前走了沒幾步路，我就感覺到手臂被我媽扯住，她一面拉著我往回走，一面說：「我們走，妳應該上更好的學校。」

之後我媽東奔西走，我們去了一所當地的天主教學校，但是感覺不太受歡迎，或許是因為我媽是帶著四個小孩的離婚單親媽媽。我們又去了其他幾間私立學校，後來收到了一則好消息，由於我在伊利諾州受到良好的教育，測驗成績超越同年級，所以有一所當地長老教會新成立的學校願意提供獎學金給我。這所學校剛創立，沒有什麼校風校譽之類的牽絆，所以可以在我這樣的孩子身上賭一把。我必須說，要不是有其他人的慷慨贊助，我的母親根本不可能供我上這所學校受到好的教育。

在這所新學校裡，我得到許多啟發與養分。我還記得六年級的導師倪老師（Miss Neal），當時二十一歲的她會找理由在放學後拉我一起辦一些雜事，後來我才領悟到，她是透過這種方式關懷剛搬到鎮上的「鑰匙兒童」。直到今天，她一直是我十分敬愛的友人。

我們搬到羅德岱堡地區的頭幾年，我會趁暑假回伊利諾州住在外公外婆家，所以我和他們的感情一年年加深。外婆過世時，我感覺心裡空了一大塊，家裡其他人也是；後來外公決定買房子搬到我們隔壁幾戶遠的地方時，我們的心情才又振作了點。

十六歲生日當天，我自己決定要搬去和外公同住，這讓我得到了全新的教育體驗。每天上學前，我們會一起喝咖啡，放學後一起聊今天發生的事。我們常散步走到運河邊釣魚。我很珍惜和外公相處的時光，他也培養了我的自律精神，直到今天我依然深深感激，例如每天早上七點如果我還沒起床（包括週末和沒有任何預定行程的暑假），他就會猛敲我的房門，用帶著德國腔的低沉嗓音大聲呼喊：「七點了！妳要睡上一整天嗎？」我常想，他真正想要傳達的意思是：「新的一天開始了。有好多事情可以做，別浪費了。」謝謝外公，這是我想要延續一輩子的精神。

我曾經夢想當律師，高中時我很幸運得到跟著克萊・蕭爾（Clay Shaw Jr.）法官實習的機會，不久之後他當上了市長，後來更成為國會議員。我做的多半是整理檔案、打字之類的行政事務，但是在蕭爾法官辦公室度過的那些下午，讓我第一次接觸到真正的專業環境：人們穿著正式服裝，言談姿態都是我從來未曾見識過的。每個星期結束時，蕭爾法官會把我叫進他的辦公室，讓我坐在位於壁爐左右兩側的其中一張椅子上（壁爐在溫暖的南佛州可是很罕見的東西），然後問我：手上有什麼工作？這個星期學到了什麼東西？學校成績怎麼樣？做人做事是不是保持堂堂正正？他是我的人生導師，每個星期五走出他的辦公室時，我都對自己發誓絕對不讓他失望。

大學時，我自願參加蕭爾法官競選國會議員的活動，一九八〇年他當選後，我加入幕僚團隊，晚上繼續在大學修課。這個經驗讓我得到了雷根政府政治任命官員的職務。我搬去千里之外的華盛頓時，我的大哥陪我同行，到了以後還把他的西爾斯百貨（Sears）信用卡借我，讓我買下熨斗和燙衣板這兩樣奢侈品。到現在我依然幾乎每天早上和大哥通話。我的母親不只是帶大了一家人，我們是一個相親相愛互助的家族。

我的前途看好，不久之後，我從公職轉往私部門。當時網際網路剛崛起，雇用我的新創公司是美國第一家專門提供線上服務的公司。這份工作讓我萬分雀躍，因為能夠讓大眾接觸到各種想法、資訊，彼此溝通，讓人們得到力量。小時候我媽用了將近兩年的時間每個月分期付款，只為了買下一套百科全書放家裡給我看；現在只要輕點一下滑鼠，就可以取得這些厚重書頁裡面包含的所有知識。只要想到，我在私人公司所做的事比起在公部門服務更能嘉惠其他人，就讓我興奮又激動。

又過了不久，我跳到奇異公司（General Electric）擔任類似職務，後來在邁入三十大關之前加入另一家剛起步的新創公司，這家公司是美國線上（America Online，簡稱AOL）的前身。我在美國線上這家引領網路革命的公司服務了將近十年，公司名稱反映出了我們的遠大夢想：讓美國上線進入網路世界。美國線上的巔峰時期承載了美國一半的網路流量，在這家公司工作是無與倫比的經驗，我簡直不敢相信自己有幸參與了美國史上最震撼的一段創新時期。

在美國線上工作的期間，我新添了另一個非常重要也非常讓我珍惜的角色：我當媽了。兩個女兒從此永遠改變了我看這個世界的眼光。後來家庭成員改變，又增加了三個孩子，實在是一大幸事！我很快體認到職業婦女養育小孩的任務本身就很需要無懼的精神。這一路走來，我更體認到從孩子身上我學到了太多，他們是我生命的靈感泉源。

到此時為止，我的職業生涯以及運用我的能力所做的一切，全都是專注於讓其他人更有能力。是的，我的成就已超出了我自己的預期，但我還不想停下腳步，還想要做更多更多。所以在一九九七年我離開了美國線上，和史蒂夫一起成立了凱斯基金會。我是執行長，我們承諾投注大部分的財產去造福其他人。對我而言，這是一個完整的循環，從前我是善行的受益人，因而得以踏入一個充滿機會的世界，如今輪到我來拉拔其他人。

我對凱斯基金會的期許不僅是分享財富。家族基金會多半是成功人士生命樂曲的終章，把錢花在有意義的目標上。然而我們賦予凱斯基金會的願景，是要它成為一個生氣勃勃的實驗室，不斷推動改變。這是我的人生中最雄心萬丈的遠征，以往我所做的一切都是為了準備好迎向這個挑戰。

我知道，成為凱斯基金會的執行長只是第一步，這是我生命中最富有挑戰性的事業，需要我擁抱無懼的心態，而這也是我在過去這些年間一直嘗試在做的。三年前，我很榮幸被任命為國家地理學會董事會的第一個女性主席，我在學會的不同委員會服務超過十年，始終熱愛這個組織，一百三十年來這個組織透過科學、探索研究和說故事的力量，持續改變人們的生活。國家地理學會無懼的男男女女英勇地走向未知的最前線，不時要與危險搏鬥，然後把他們的知識和經驗與我們其他人共享。探索未知需要人力與財力支持，也需要有表現的舞台，國家地理學會則是實現這一切的平台。身為這個非凡組織的一份子，我感覺自己的無懼指數跟著上揚，並且樂於遵從本會自由探險家（Explorer-at-Large）珍．古德的銘言：「每一個人每一天都可以造成改變。」其實只要仔細觀察國家地理學會，你就會看到，無懼的五大原則每一天都展現於整個組織內，展現於全世界的每個角落。

不論是在凱斯基金會、國家地理學會，或是在我關心的其他議題與活動中，我總是時時想到最初也是影響我最深的無懼榜樣：我的母親。她在大約十年前與世長辭，但是她寬厚的天性和堅強的意志持續激勵著我。是她教我要勇於冒險，要看見可能的希望，還要善待他人。她不會用「仁愛、慈善」這類高尚的字眼，但是她接觸到的每一個人都會受到她的影響。我在這本書裡談到要「敢賭一把」，我想我媽最大的賭注就是我，她奉獻一生協助我找到人生的目標，達到今日的成就。從她的身上我學到人人都能做出偉大的事，只不過有時候必須要先離開平凡的安樂窩。

## 原則一：

# 敢賭一把

# 01 千里之行，始於足下

二〇〇五年的一個下午，我坐在芭芭拉・范達倫（Barbara Van Dahlen）博士心理諮商所的等候室，坐立難安等著時間一分一秒過去。我比約定的時間提早到達，芭芭拉是我的朋友，也是我們家族的心理諮商師，她有一副好心腸和卓越的好名聲。我們幾天前在一場活動中碰到面，她問我能不能抽空聊聊，她的話激起了我的好奇心：「我有個點子，想要說給妳聽聽看，看妳有什麼意見。」所以我來了，坐在這兒猜想她到底想要討論什麼事情。

不久之後門開了，芭芭拉熱情歡迎我進入她的辦公室，開始訴說：「我遇到一個問題。我的其他同業也看到同樣的情況。」她每個星期都會接到軍人和軍眷來電尋求心理諮商服務。在阿富汗和伊拉克的反恐戰爭戰事正烈，將近二十萬名現役軍人被徵召上戰場服役，其中很多人還歷經多次戰役。芭芭拉向我說明戰場的創傷效應，軍人帶著創傷回家，創傷後壓力症候群（PTSD）的危機愈來愈嚴重，多次上戰場服役的壓力對許多軍人家庭造成莫大的傷害。根據芭芭拉的說法，很遺憾這個問題的規模遠超出美國退伍軍人事務部所能應付，沒辦法提供所需的心理健康服務，以致眾多的軍人及軍眷求助無門。

芭芭拉告訴我，她個人接了幾個家庭的無償服務，並且說服其他同事跟進。對絕大多數醫生來說，每星期提供短短一小時的無償心理治療並不是什麼難事，和她談過的醫生也多半樂於為前線將士貢獻微薄之力。

「所以這就是我的點子，」芭芭拉繼續往下說：「我想要建立一個全國的醫護人員網，這些醫護人員都同意每星期貢獻一個小時。如果能拉到夠多的人，就可以解決軍人家庭的心理健康服務問題。」

我花了點時間消化她提出的概念，接著是一連串問題轟炸：她要怎麼建立這個全國網？可能需要哪些支援？時間架構呢？最後我問了她最困難的一個問題：憑她一個醫療從業人員的個人之力，而且她沒有任何建構組織的經驗，為什麼她覺得自己辦得到這件事？

她毫不猶豫回答：「因為有急迫的需求，很多家庭正在受苦，我非常想要解決這個問題。」

芭芭拉的大賭注是，相信自己能創造一個夠大的醫護人員網，加上軍方、政府及私部門的領導者配合，為有需要的人提供援助，她相信她的口號「捐獻一小時」（Give an Hour）能夠吸引那些想要做出貢獻但時間有限的人。我舉雙手贊同芭芭拉的願景，帶著興奮的心情離開了她的辦公室，迫不及待要在她實現這個理想的過程中提供幫助。不久之後，「捐獻一小時」這個組織就誕生了。

從那個下午到現在已經過了許多年，成千上萬的人回應了芭芭拉的呼喚。有執照的醫護人員透過她建立的網路捐獻了將近二十五萬個小時的時間，相當於兩千五百萬美元（約合台幣七億五千萬元）的諮商服務，全都是免費的。二〇一二年《時代》雜誌封芭芭拉為全球百大最具影響力的人物，她的組織也被美國最大的慈善組織評鑑機構「慈善導航」（Charity Navigator）評為最高等級的四顆星，超越同業水準。

芭芭拉並未就此止步，她成為了精神健康領域公認的領袖人物，帶頭致力於抹除精神疾病的污名化，並且邀請知名藝人加入協助傳播訊息，推動了甚至規模更龐大的社會運動。二〇一七年末，美國公共電視網（PBS）播出了介紹芭芭拉奮鬥過程的紀錄片。

芭芭拉的故事是一個絕佳的明證，讓我們看到一個人的力量可以如何改變世界。她沒有組織團隊的相關經驗，沒有支持她的幕僚，也沒有她心知肚明不可或缺的資金和人脈，但她還是賭了這一把，一次前進一小步。她從腳下開始，以身作則每星期貢獻一個小時，讓其他人看到他們可以做到同樣的事。她只要求人們做出最小的貢獻，而人們的熱烈回應證實了她的計畫是合理可行的。

妨礙人們從眼前小事做起的最大障礙，就是發達流通的資訊。大部分時候，除非「大賭注」有了成果，並且讓全世界的人看到其成就，否則就是永遠被埋沒，不為人知。但是如果追本溯源，你可能會驚嘆於這些大賭注的起源原來是這麼簡單的小事。

對於那些想要做出改變，但卻因為缺乏經驗或資源而感到退縮的人，請想一想芭芭拉和其他許多「千里之行始於足下」的例子。

各種創新和發明也是如此。我們常想像，創新者是一個人躲在車庫裡東敲敲西弄弄的小夥子，某天靈感一來就搞出了新東西。這樣的情節雖然比較戲劇性，但是真實世界中的突破卻鮮少是「啊哈」靈光一閃得來的。突破其實往往來自在現實生活中遇到問題的人們，挫折到某一個程度之後他們體認到：「一定有更好的辦法」，於是著手開始創造解決之道。舉例來說，一些「新奇」的創意如洗碗機、家庭保全系統和汽車雨刷，都不是某個小夥子在車庫裡發明的。事實上，這些都是女性的發明。

一個鮮明的例證是一百多年前成功創建企業王國的一位傑出女性創業家，她的成就也是奠基於一個需要解決的問題。這位女性就是沃克夫人（Madam C. J. Walker），她出生於奴隸家庭，儘管生活在困苦中，依然勇敢向上，不僅實現了她的創業夢想，更造福了許多人。沃克夫人的「大賭注」故事非常引人入勝，二〇一八年時，「籃球小皇帝」雷霸龍．詹姆斯（LeBron James）的製片公司還宣布要為她的故事拍攝迷你影集，由奧斯卡獎得主奧塔薇亞．史班森（Octavia Spencer）主演。

沃克夫人早年生活之艱辛，現代的人可能很難想像。她出生於一八六七年路易斯安那州的一個莊園，當時南北戰爭剛結束不久，她的父母兄姊都是奴隸。她被命名為莎拉．布瑞德樂福（Sarah Breedlove），雖然她是自由人，但是從小命運乖舛。七歲時雙親過世，她被送去密西西比州和姊姊及姊夫同住，十歲時姊姊一家雇用她擔任家庭幫傭，她為了逃離姐姐家的虐待，十四歲就結婚，不到十七歲成了母親，二十歲成了寡婦。她做洗衣女工每個星期可以賺到一點五美元，沒有任何跡象顯示她的人生竟然會出現那麼大的轉折。她所生活的環境不像今日，創業的夢想沒那麼容易實現，對一個沒有資源的貧窮女人來說更是可望而不可及。但是正如同後來她所說的：「我的起步是我自己給的。」

她的大賭注和其他許多人一樣，起源於個人的問題：她的頭髮一直掉，但是市面上沒有產品能減輕她的症狀。當時頭皮疾病以及所導致的禿頭是黑人女性常見的問題，很大一部分原因是刺激性的化學洗劑。莎拉沒有向命運低頭，而是去向當理髮師的哥哥請教，研發出了自製的藥劑。用這種自製的溶液每天清洗頭皮以後，她的頭髮逐漸長回來，於是她開始思考，她自創的獨一無二配方能夠如何幫助其他女性。

莎拉和在報社工作的查爾斯・喬瑟夫・沃克（Charles Joseph Walker）結婚後成了「沃克夫人」。她帶著「沃克夫人神奇生髮水」以及「沃克養髮祕方」挨家挨戶拜訪，教別人使用她的產品保養頭髮。她和丈夫走遍全國拓展生意，隨著事業愈做愈大，她所做的遠遠超出了銷售產品。她招募並且訓練了大批的年輕黑人女性投入銷售，這在二十世紀初是非常了不起的事，因為她讓這些原本沒有什麼發展機會的女性得以一展長才，賺到收入。她創立了「沃克夫人護髮大使工會」，每個月繳交二十五美分的會費就能接受職業訓練開始銷售產品，並且享有保險和其他福利。她鼓勵這批後起之秀在自己所屬的社群中發揚樂善好施的精神，並且在每年舉辦的全國大集會中，特別表彰對地方社群貢獻最多的人。她說：「只有我自己一個人賺錢並不夠。我努力為和我同一種族的幾百個女性提供了工作機會。」

沃克夫人僅活到五十一歲，在生命的最後十年，她成了家喻戶曉的激勵演講大師、百萬富翁暨慈善家。她曾經對聽眾說：「我必須自己想辦法謀生，自己創造機會。結果我做到了！不要只是坐著等待機會來臨。站起來，去創造機會。」沃克夫人不只開創了一項產品，她會說她的「大賭注」是為其他人創造了機會。

> 我的起步是我自己給的。
>
> ——沃克夫人

有時候「從腳下做起」意謂著運用現有的核心知識和經驗，就像芭芭拉．范達倫的例子。但是在這個「破壞式創新」的年代，有時候，「大賭注」來自天外發來的發想，來自沒有任何經驗的人。

一九九〇年代末，剛從羅德島設計學院（Rhode Island School of Design）畢業的布萊恩．切斯基（Brian Chesky）和喬．傑比亞（Joe Gebbia）來到了舊金山，在那個時候舊金山是眾多年輕專業人士趨之若鶩的地點。但是高昂的生活費很快壓得他們喘不過氣來，為房租發愁。他們知道必須想辦法賺些額外收入，而且必須要快。就在這個時候，他們聽到，有人抱怨即將在舊金山舉行的大型設計研討會造成附近旅館住宿銷售一空，很多參加者沒地方可住。於是他們想到了：要不然把我們公寓裡的空間分租出去吧？他們架設了一個簡單的網站，放上他們住的頂樓照片，還有他們買來準備「出租」的三個氣墊床位，並且承諾提供租客早餐。過沒多久他們就收到了第一筆預訂，是一個剛從亞利桑那州立大學畢業的新鮮人，急著想找個負擔得起的住宿地點。（布萊恩和喬的收費是每張氣墊床八十美元，大約等於台幣兩千四百元。）不久又有另外兩個來參加研討會的人確認預約，Airbnb（愛彼迎）於焉誕生。

出師告捷激發了布萊恩和喬的動力，想要長久經營下去。他們開始大著膽子募集投資人，但是大部分投資者認為，住進陌生人家裡的這個點子太過瘋狂。他們遇到的時機也不太好，山雨欲來的金融風暴澆熄了投資人支持前所未見新點子的意願。

為了掙扎求生，布萊恩和喬轉了一個聰明的彎，把他們計畫中的早餐部分改變了一下。二〇〇八年民主黨全國大表代會召開時，他們為了在丹佛（Denver）搶占一席之地，於是決定推出印有總統候選人的盒裝麥片，既能引發話題又能賺進外快，後來又在明尼蘇達州聖保羅的共和黨全國代表大會時故技重施。分別代表兩位總統候選人的「歐巴馬圈圈」和「馬侃方塊」大受歡迎，三萬美元（約合台幣九十萬元）的進帳解了他們的燃眉之急。

二〇〇九年一月，Airbnb 擠進了創業加速器 Y Combinator 的育成輔導名單，得到共同創辦人保羅・格雷厄姆（Paul Graham）注資兩萬美元（約合台幣六十萬元）。格雷厄姆原本對「付錢睡在陌生人家地板上的充氣床墊」這個構想興趣缺缺，但是就在第一輪面試結束，這兩個青年創業家準備離開時，喬摸出了一盒「歐巴馬圈圈」給格雷厄姆。「哇！」格雷厄姆說：「你們還真像小強，打都打不死。你們能讓人掏出四十美元（約合台幣一千二百元）買一盒麥片，搞不好還真的能讓人付錢睡在對方家裡的充氣床墊上。」一盒麥片就這樣為他們打下了江山。

Airbnb 沒有招募大批團隊人員，也沒有花大錢行銷打廣告。布萊恩和喬用非常腳踏實地的方式思考：要怎麼樣花最少的時間和力氣去確認這個點子是不是行得通？他們學到要保持靈活，掌握機會，直到站穩腳跟。

> 我最大的優勢之一，就是我知道的少之又少。
>
> ——布萊恩．切斯基

Airbnb 的成長之路並非一帆風順。引進新的概念時，總是會遭遇抵抗，包括旅館業的強力反彈，有些社區和大樓禁止屋主透過 Airbnb 出租房間，屋主也擔心陌生的房客會在家裡胡搞。然而，這個點子還是流行了起來，因為滿足了旅客想要尋找的某樣東西。不只是價格的問題，更是一種歸屬感，比起枯燥乏味的旅館房間，住在某個人的家裡感覺更溫馨。對於那些為高額房產稅苦惱的屋主，還有空巢期的屋主來說，Airbnb 提供了一個簡單的方式賺取收入。這家公司如今在一百九十一國超過八萬個城市營運，三百多萬間房源每天有五十萬餘人入住。

***

所以說，任何人都能賭一把，就從最簡單的問題開始：「何不從我做起？」試著想像自己是個大學生（說不定你就是一個大學生，根本不必想像），每天的生活被課業和活動、家人和朋友填滿，會是什麼樣的動力驅使你發起「終止校園飢餓」這樣的活動呢？就讀於加州大學洛杉磯分校（UCLA）的芮秋．蘇邁克（Rachel Sumekh）和布雷恩．佩茲基（Bryan Pezeshki）就是在二〇一〇年成立了全國性的非營利組織「刷除飢餓」（Swipe Out Hunger）。這項由學生從基層發起的計畫源於布雷恩看到一則募捐食物的公告，於是詢問一些朋友：「誰願意幫忙？」結果只有芮秋一個人回應了布雷恩的號召。在接下來的那個星期六，芮秋和布雷恩花了五個小時搬運那些捐贈的食物，跑遍整個校園把食物送到沒錢吃飯的學生手上。

他們想要解決的飢餓問題不是什麼新問題，不過多年來確實缺乏適當的關注。大部分人很難想像大學生會挨餓，但我個人的經驗就是一則明證。我讀大學的時候有申請到經濟援助，可是並不包含餐費。我打工賺來的一點點錢多半拿去買書、支付一些不包括在經濟援助內的額外開支，結果是根本沒錢吃飯，只能有一頓沒一頓忍餓。幸運的是，住在附近的家族好友固定邀我一起吃晚餐，還常常打包剩下的食物讓我帶回宿舍當第二天的午餐。（回想起這段往事讓我熱淚盈眶——我何其有幸，生命中有這麼多貴人，他們的慷慨與關愛點點滴滴在心頭。）

今日據估計，美國每七個大學生就有一個處於「糧食危機」的狀態，曾經領取過食物銀行的救濟；某些州的飢餓大學生比例更攀升至四分之一。而這就是「刷除飢餓」的起點。一開始，芮秋和布雷恩舉著告示牌、拿著外帶餐盒，向其他學生收集多餘的食物，但是不久之後他們遭到學校餐廳主管的反對，覺得生意被搶而感受到威脅，甚至有個餐廳經理氣到砸毀芮秋帶的餐盒，大喊：「這是什麼鬼計畫，滾出我的校園！」

顯然「刷除飢餓」需要另外開闢前進的道路，這個時候，芮秋和布萊恩注意到了「校園餐卡」。很多學校設有這個便利的方案，讓負擔得起的家長在每年九月開學時，把錢存進一張類似提款卡的卡片裡，之後學生只要拿這張卡就能在學校餐廳刷卡用餐。而在學年結束時，這些餐卡往往還有餘額，可是大部分學校不允許把剩下的錢轉入下個學年。

在比較大型的學校，未使用的餐卡餘額可能高達數十萬美元，於是芮秋開始想，要是可以把剩下的錢「刷捐」給有需要的學生，豈不是兩全其美？這是一個非常棒而且非常簡單的點子，照說應該人人舉雙手贊成，但是面臨鉅額損失的UCLA可不這麼想，沒那麼輕鬆過關。如同芮秋後來形容的：「我們感覺自己像是違反校規的孩子。」不過這幾個發起人堅持了下來，到二〇一二年「刷除飢餓」已廣受肯定，甚至得到白宮表揚，學生領袖群獲頒「變革鬥士」（Champions for Change）的榮譽，歐巴馬總統親自慰勉了這十五個遠從加州前來領獎的學生。

畢業後，這群學生走上不同的人生道路，芮秋投入了社會工作。但是沒過多久，向來由志工組成的刷除飢餓團隊決定他們需要一個全職的領導人，來負責經營這個持續成長的非營利組織。芮秋毛遂自薦，結果一個男性友人跟她說：「妳人太好，當不好領導人的。」不過芮秋沒把他的話放心上。在芮秋的領導下，現在這個計畫已擴展至全美三十個校園，採用加盟的模式讓各校的學生領袖有強烈的自主感。到目前為止，「刷除飢餓」已送出超過一百三十萬份餐點給有需要的學生，現在還設立了食物站，ＵＣＬＡ校園內就有一個食物站，學生可以來搬走需要的食物而不會承受任何異樣的眼光。二〇一七年六月，加州州長簽署法案鼓勵州內大學採行刷除飢餓計畫，核准七百五十萬美元（約合台幣二點三億元）的預算推動「無飢餓校園」。

很多學生透過文字向芮秋表達感謝。一名年輕女性說，要不是有這個計畫，她不可能進大學念書，因為她和其他很多學生一樣接受補助，但是湊不出錢吃飯。芮秋很愛掛在嘴邊的一句話是：一餐飯只是小錢，但是輟學或放棄註冊的社會成本很巨大。她提醒大家：「大學生有很多不安定的因素；食物不應該是其中之一。」

夏姿・威斯蘭（Shazi Visram）有著和芮秋類似的歷程，她在哥倫比亞大學念工商管理碩士（MBA）時，萌生了創建健康的嬰兒食品品牌的念頭。父母親分別是巴基斯坦和坦尚尼亞移民的夏姿那個時候還沒有當媽媽，她是受到一個同學的故事感召。這個同班同學有兩個小孩，一邊工作一邊念書，她抱怨能夠選擇的嬰兒食品很少，她沒有時間自製嬰兒食物，但是希望能買到成分健康的產品。繼承了父母親大無懼信心的夏姿決定想辦法解決這個問題。她進行市場研究，並且調查了有孩子的朋友的意見，意外發現儘管大眾對有機健康食品的興趣不斷提升，嬰兒食品的市場數十年來卻猶如一灘死水。夏姿決定賭上一把。

尋找資金是最困難的部分，因為她還只是個學生。一開始媽媽給了她兩萬美元（約合台幣六十萬元），後來她累積募集到五十萬美元（約合台幣一千五百萬元），在二〇〇六年創立了「幸福家庭」（Happy Family）食品公司。一路上有起有伏，起初她推出的是冷凍食品，但是她發現，人們不會跑去逛超市的冷凍食品區買嬰兒食物。所以二〇〇九年她改弦易轍，推出袋裝產品在嬰兒食品區上架，業績迅速一飛衝天。

當然啦，這是簡化後的故事版本。隱藏在故事背後的是多年的研究與測試，以及尋找投資者。夏姿既沒有雄厚的財力也沒有家族人脈，所以早期的工作有很大一部分是在尋找資金。剛開始，她自我推銷的對象大多是男性投資人，並不是母嬰親善產品的主要目標客群，還好到最後她找到一群注重社會影響力的投資人，得到了回應。關於影響力投資（impact investing）在本書後面將會進一步討論。這批投資人不僅看重夏姿公司蒸蒸日上的業績，同時也很關注有機會為兒童健康盡一份力。二〇一三年，夏姿把公司賣給達能（Danone），這家總部位於巴黎的跨國企業致力於提供健康的產品。早期投資於夏姿公司的人拿到了三十倍的回報。夏姿繼續擔任公司的執行長，但同時也成了投資人，投資其他意圖做好事的公司。她更大的一個使命是盡全力提升嬰幼兒的健康與福祉，這個任務的急迫性在她升格當媽以後有增無減。當夏姿的兒子被診斷為自閉症時，她畢生的事業和私生活走到了同一條線上。現在她的使命擴張為關懷全家人的健康，為比較大的孩子和孕婦推出產品。她的立場很簡單：只關注能夠讓世界變得更好的計畫。雖然「幸福家庭」賺了很多錢，但夏姿一貫的說法是：「先考慮寶寶，再考慮利潤。」

＊＊＊

每一個夢想家都應該記住「千里之行始於足下」這句箴言。這句話總是讓我想起我從珍（Jen）那兒學到的教訓。珍是運動傷害防護員，有一年夏天我為了挑戰自己的體能極限而和珍一起訓練，她年紀很輕而且身體狀況絕佳，曾經多次在三鐵賽中獲勝，是我在訓練時的楷模，但同時也讓我有點畏懼。我打過拳擊，跆拳道練到黑帶，但是從來沒參加過賽跑，也沒有跑過長距離的山路。那年夏天，我住進維吉尼亞州山區的一個農場，四周盡是蜿蜒起伏的鄉道，希望在夏天結束前我能跑五公里的山坡路。對大多數的跑者而言，五公里不算什麼，可是我從來沒有賽跑的經驗，甚至沒有跑過上下坡。

珍的第一個忠告是：「分段進行」。她對我說：「盯著前面一公尺看就好，因為要是妳看向一公里遠的地方，妳就會想：『我不可能跑到那裡啦。』但是妳一定能夠再跑一公尺。」她說的對。後來「再一公尺」延長為「下一戶人家」，然後再延長為

「下一個轉彎處」，一次增加一點點距離。到了夏天結束時，我已經從只能跑幾分鐘衝刺變成可以跑完整整五公里的山路。

「分段」執行大賭注也是一種明智的策略。如同生命中的每一件事，偉大的成就經常是從一小步一小步開始做起，累積足夠的小小步伐就能做出大事。所以我要請你動動腦筋想一想，怎麼樣把「不可能的事」切分成可以執行的段落。

珍還教了我另一件事，這個教訓適用於所有無懼的嘗試：接受訓練好一段時間以後，有一天我真的覺得超累的。我注意到，有些日子我感覺輕鬆得像是可以飛起來，有些日子則是每一步都沉重得不得了。珍說：「我也是這樣，即使是在贏得多項三鐵賽事以後也是。有些日子困難，有些日子容易，繼續往前就對了。」我把這個教訓放進更廣闊的人生脈絡之中：有些日子就是比較不順利，比較沒辦法找到發自內心的衝勁，沒辦法筆直朝著目標前進。祕訣是不斷提醒自己：明天很可能會變好。

我常常想，改變世界的大賭注似乎常發源於個人生活中的大賭注。像我從小看著母親為了養家而奔忙，深深體會到她的辛苦。有時候我一天只能看到媽媽一個小時，就是在我放學回家到她去上晚班之間的那個小時。所以我很早就立定決心，我要達到足夠的財務安全，當我組建自己的家庭時才能在工作上保有彈性。這是我個人的大賭注，我所有的決定都以這個目標為依歸，在使命感的驅策下，開口要求加薪變得不再那麼困難。

我也很早就決心運用自己的時間和能力去「賦能」（empower）其他人。我是領全額獎學金才有辦法念私立學校的，這開啟了我的眼界，讓我看到生命能夠提供的各式各樣機會。原本我夢想成為在公家機關為大眾服務的律師，不過人生就是這麼曲折有趣，命運帶我走上了在科技業私人公司工作的路，讓我透過協助數位革命和網路的發展，賦能了數百萬人。接著我又運用在這個領域得到的資源創建基金會，投資於可能改變世界的人和想法。要不是因為我有一個中心信念，那就是「無論如何我一心一意要幫助其他人」的這個最大目標，我想我可能沒有那個膽子賭上一把，離開公部門改為投入私部門。

在你的心中，是不是有一個大賭注或大夢想在熊熊燃燒？如果要你從腳下開始一步步往前推動這個大賭注，你會怎麼做？本章的每一個故事都在告訴我們，要實現大賭注不需要準備大把銀子，不需要高深的專業知識，也不需要有大公司或大型組織在背後支持。你需要做的是評估手上現有的資源，想想看可以怎麼樣運用這些資源實現你的構想，就從這裡開始。

# 02 放膽去做

甘迺迪總統宣布美國要登上月球的時候，我的年紀還很小，記不得那一天的情況，但是我清楚記得自己成長的大環境充滿了對「登月」的憧憬，以及甘迺迪的名言：我們做這些事「不是因為它們很簡單，而是因為它們很困難」。現在「登月」一詞被用來形容各種大膽的嘗試，但我懷疑人們是否真的了解，甘迺迪總統在一九六一年提出的這個大賭注有多麼大膽。

登陸月球在當時可以說是天方夜譚，美國的設備和技術落後到沒辦法想像這件事。總統宣布要做的時候，我們根本沒有造火箭的原料，更不用提把太空船送上月球所需要的科技和輕量化材料。把控制系統縮小到可以塞進狹隘艙內空間的技術還不存在，也沒有先進的通訊系統可以和在外太空的太空艙保持聯絡。我們甚至沒有足夠的數學和物理知識，去搞清楚怎麼樣把太空船送上月球然後再飛回來。但是，甘迺迪總統說了：「我們選擇在這十年內登陸月球。」我們選擇這樣做。然後我們做到了。

我們不太會想到，今日生活中享受的種種便利有多少要歸功於當年的登月計畫，包括衛星通訊、全球氣象系統、可以承受嚴苛環境的塑膠製品、微型化技術（一九六〇年代的電腦非常龐大，沒辦法放進太空船裡），還有能夠計算出太空船進出大氣層正確軌道的數學公式。今天當我們拿起 iPhone 或是使用ＧＰＳ衛星定位導航、上網查氣象或是傳送電子郵件的時候，大概沒人會想到要感謝甘迺迪總統，但其實多虧了他的大賭注才能有這些創新。

我一直在反覆思索甘迺迪總統的登月計畫有多麼大膽。大賭注是推動其他無數創新發明的引擎，可以改變文化、改變心態、改變地理疆域和政治體系。證據就擺在眼前：為了創建更美好的世界，必須冒更大的險，下更大的賭注。

我和其他有幸目睹一九六九年七月二十日登月實況轉播的大部分人一樣，對這件事有特殊的情感，這成了我最珍貴的回憶之一。那時候我還是個小小孩，媽媽把我從睡夢中叫醒，跟我說時候到了，我立刻跳下床衝去客廳，加入守在發光的電視機前面的其他家人。螢幕畫面上是有名的新聞主播華特．克朗凱（Walter Cronkite），然後事情就這樣發生了——在略為模糊的黑白影像中，太空人尼爾．阿姆斯壯（Neil Armstrong）正在爬下登月小艇的梯子，在月球上留下了人類的第一步腳印。感覺彷彿全美國、全世界的人都在那一剎那倒吸了一口氣。看到美國國旗被插在月球表面時，我們全家爆出了歡呼。這是貨真價實的歷史性的一刻。

甚至連年紀幼小的我都感受到了這個創舉的無懼精神。

之後的日子，我帶著太空人便當盒和保溫壺上學，午餐時間我會驕傲地拿出來展示。我想要和那些勇敢的太空人一樣，英勇地前往沒人去過的地方。流行文化和消費產品所受到的影響和啟發更是隨處可見，我的午餐盒裡裝的就是最新的「太空食物」，像是太空食物棒和 Tang 柳橙果汁粉，太空人在太空裡喝的就是這一款飲料！

數不清的年輕人和我一樣，因為甘迺迪總統大膽夢想的實現而備受鼓舞。我們看到了放膽去做的成果，體認到我們也可以大膽去做。想想看，你能做什麼來鼓舞今日的年輕人？

記得要抬頭仰望星星，不要低頭看著腳下。
——史蒂芬・霍金（Stephen Hawking）

大概沒有哪個現代組織比 Google X 更能體現這種大無畏的精神。這家自封為「登月工廠」的機構成立於二〇一〇年，是一個充滿無限發明可能的地方，德瑞克・湯普森（Derek Thompson）在《大西洋》雜誌中描述現在簡稱為X的這個組織是「擁有即興發揮天才的一組智囊團」。這還遠遠不足以說明X的全貌。

這個團隊的領導人是阿斯特羅・泰勒（Astro Teller），Astro 這個名字（希臘文的星際之意）似乎預示著不平凡的一生。（父母給他取的名字其實是 Eric。）除了名字以外，他還有顯赫的身世：外祖父是諾貝爾經濟學獎得主傑拉德・德布魯（Gérard

Debreu），祖父愛德華．泰勒（Edward Teller）因為對核物理及分子物理學的超卓貢獻而被譽為「氫彈之父」；再加上名校畢業的光環加持，所以如果你發現自己在晚宴上被安排坐在他旁邊，可能會發出一聲「哇噢」——這正是我第一次在研討會中見到他時的心情。這位X團隊的創新領導人蓄著大鬍子，極有個人魅力，而且有著出乎我意料之外的開放思想，他告訴我，他鼓勵大家「不盲從權威」。他的目標高遠如摘星，但是他的風格平易近人又充滿活力。

X的專案遵循簡單的三步驟藍圖：(1) 找出一個影響數百萬人、甚至數十億人的巨大問題。(2) 提出治本的解決方案。(3) 找到證據相信，這個根本解決方案所需要的技術是可以實現的。

X試圖透過「混搭」來創造出火花。阿斯特羅曾經在TED演講中提到：「你會看到航太工程師和時裝設計師攜手合作，看到前軍事行動指揮官和雷射專家聚在一起腦力激盪。這些發明家、工程師和製作者天馬行空想出新的科技，我們希望這些科技能讓這個世界變成一個很棒的地方。」阿斯特羅的一個基本原則是，創造讓人懷抱熱情去發現新事物的環境，「而不是把人放進既有的框架，然後確定他們不會超出界線」。

X大部分的計畫是祕密進行，其中較為人知的一個專案是 Loon 高空網路氣球計畫，目標是透過佈署在平流層的氣球為所有人提供網路。阿斯特羅稱這是X「最瘋狂」的計畫，然而在二〇一七年瑪莉亞颶風後，Loon 計畫成功在波多黎各為居民提供網路。X從事的專案如果成功「畢業」，就會成為獨立的 Google 事業，Waymo 自駕車公司就是從專案畢業成立公司的一個例子。稍後我們會再回頭探討X從失敗中獲得偉大成就的故事，就本章主題「敢賭一把」而言，X是每天都在打破常規。

＊＊＊

美國建國史可以說就是「敢賭一把」的寫照：大膽相信，靠著由人民組成的雜牌軍能夠從當時全世界最強大的國家手中奪取控制權，相信平民起義能建立一個自由平等、和平繁榮的國家。這些開國元勛大可以繼續向英國發牢騷抱怨，像其他殖民地那樣逐步爭取權益，但是他們選擇了更難走的一條路：發動革命實踐他們的信念，創建了新的政治體系。

「敢賭一把」的思維模式就是不侷限於開發一項新產品，而是開啟全新的探索疆界。這也是為什麼像伊隆・馬斯克（Elon Musk）這樣的創新者談到SpaceX（太空探索技術公司）時，總是不忘提醒全世界：這家公司正穩紮穩打一步步朝向把人類送上火星的目標前進，而且要在二〇三〇年之前達成。馬斯克對SpaceX和特斯拉（Telsa）這兩家公司的期許是「重新定義人類在地球以及在太空的旅行方式」。這正是「大賭注」的精髓：讓人嚮往的大膽目標，把所有人凝聚在一起。二〇一八年一月SpaceX發射測試火箭成功，馬斯克的「瘋狂夢想」往前邁進了一大步。有很多人預言馬斯克會遇到障礙、會燒光現金，或是無法達到理想，而他的做事方式和處世態度確實有不少問題，因而招致批評；但是儘管這些疑慮有憑有據，我們還是可以從他身上學到東西，尤其是從失敗中汲取教訓的能力，把失敗的經驗轉化為追求願景的動能。

我們活在一個史無前例大膽無懼的年代，看到年輕人的表現著實讓人振奮。現在的年輕人毫無疑問懂得如何讓自己的聲音被聽到，如何實現破壞式創新。讓人印象深刻的是，他們也懂得如何組織並推廣自己的理想。「慘案不再有」（#NeverAgain）運動就是一個例子，這是在佛州帕克蘭（Parkland）校園槍擊案後發起的運動，打破了大規模槍擊慘案的慣常規律：全國譁然一小段時間，幾個星期內一切又回歸正常。二〇一八年二月十四日在瑪喬麗·斯通曼·道格拉斯高中發生槍擊事件後，學生領袖透過社群媒體砲轟NRA（美國全國步槍協會），並且在華盛頓舉行了大規模遊行，要求實施全面的背景審查，提高購買槍械的最低年齡至二十一歲，同時禁止販售突擊步槍。他們也誓言抵制收受NRA政治獻金的民選官員。後來保守派的佛州州長瑞克·史考特（Rick Scott）簽署自動槍械的禁令，這是他們努力爭取到的成果，唯有懷抱「大賭注」的人才能實現這種歷史性的變革。

> 我不害怕……這是我的天命。
>
> ——聖女貞德

帕克蘭事件並不是我們第一次見到學生加入戰局。事實上，崛起中的下一代領袖持續讓我們驚艷。凱斯基金會舉辦的全國競賽中，有個年輕的參賽者名叫喬．夏拉（Jordyn Schara），她的介紹詞是：「我無懼，因為我看到政府拒絕採取行動，所以在十四歲的時候我根據501(c)(3) 條款成立了一個非營利組織，為社區提供全年無休的藥物回收服務。」自從喬玎發現十二至十七歲的青少年濫用處方藥物的人數超過兩百一十萬人，她就想要做些什麼來改善這種情況。她想要提供一個管道，讓這些藥物不會流落街頭，而是以安全、環保的方式處理掉。於是她在威斯康辛州當地的警察局放置藥物回收箱，並且到處發傳單、演講喚起大眾注意。

像她這樣年紀的女孩，並不容易得到能夠幫助她實現願景的大人注意。當她聽說州政府會補助社區實施藥物回收計畫，她就跑去問鎮上的補助金計畫撰寫人願不願意申請，結果被拒絕了。喬伃不屈不撓地跑去問附近另一個社區，他們雖然表示願意申請，卻不願意把得到的補助金分給她。因此十四歲的喬伃決定自己提出申請。當申請通過核准時，喬伃大吃一驚；但是接著她做了一個更讓所有人意想不到的決定：她告訴拒絕幫她申請的這兩個鎮，她要把補助金分給他們。

喬伃的「威斯康辛處方藥物回收處理計畫」（Wisconsin Prescription Pill and Drug Disposal，簡稱為ＷＩＰ２Ｄ２）於二〇〇八年成立，並於前四年內收集到將近三十萬公斤的處方藥，迄今已發起十一項藥物回收活動，累計阻止了大約七百噸藥物流入青少年和兒童手中。喬伃是凱斯基金會二〇一二年「無懼挑戰」的得獎人，現已從威斯康辛大學麥迪遜分校畢業，主修廣電新聞及性別與女性研究。

＊＊＊

如果我告訴你，有人可以靠著一家布朗尼烘培坊改變世界，你可能會滿腹狐疑。那是因為你不認識格雷斯登烘培坊（Greyston Bakery）的創辦人伯尼・格拉斯曼（Bernie Glassman），這位美國知名的禪宗大師暨社會運動家，為了終止社區內貧窮的惡性循環，於一九八二年在紐約州的揚克斯市（Yonkers）開設了格雷斯登烘培坊，不問學經歷背景為鄰里創造工作機會，甚至無視一般雇主畏如蛇蠍的遊民、吸毒、坐牢史。三十六年來，原本的小作坊已成長為世界級的製造廠，每年生產數以噸計（不誇張，真的是以公噸計算）的布朗尼和餅乾供應給班傑利（Ben & Jerry's）、全食超市（Whole Foods）、達美航空（Delta Airlines）等公司。

直到今天，格雷斯登依然實行「開放雇用制」，任何人都可以走進去把名字寫在名單上，一旦有職缺就根據登記順序遞補。總裁暨執行長邁克・布雷迪（Mike Brady）說：「我們請人不為烘培；烘培是為了請人。」格雷斯登還擴展觸角成為社區領袖，推廣一些重要的活動，包括人力發展專案和格雷斯登社區菜園，另外也致力於指導其他公司如何實施開放雇用制。格雷斯登烘培坊的故事提醒了我們，「大賭注」可以始於最香甜、最異想天開的地方。

順著這種思維走，就能發生改變。

＊＊＊

「智利做得到，你們也能做到！」這是智利前總統蜜雪兒・巴舍萊（Michelle Bachelet）二〇一八年六月在華府接受國家地理學會地球領袖獎（Planetary Leadership Award）時所說的話。身為國家地理學會主席的我，前一晚才剛主持晚宴招待巴舍萊總統，她在二〇〇六至二〇一〇及二〇一四至二〇一八年間擔任了兩任智利總統（智利規定總統不得連任），而且第二任是以驚人的百分之六十二得票率當選。然而她的人生並非一路順風直達今日的成就。巴舍萊的父親是智利一位受人敬重的軍官，一九七三年奧古斯圖・皮諾契特（Augusto Pinochet）將軍發動政變後，巴舍萊的父親因為是薩爾瓦多・阿葉德（Salvador Allende）總統的幕僚而被監禁刑求，一年後死於獄中。巴舍萊和母親被拘留、威脅，最後流亡國外。多年後，她終於獲准重返祖國，此後她為了讓智利回歸民主而不懈奔走，同時一邊完成了自己的學業，成為一位外科醫生。這樣的背景使她當上了衛生部長，之後是國防部長，後來更當選智利總統。

巴舍萊不畏艱難險阻為智利做了許多事，而讓她贏得國家地理學會表揚的事蹟，除了對智利也是一份對地球的獻禮：在總統任內，她設立了五個新的國家公園，使智利的公園面積擴大至超過十萬公頃——其中大約一萬公頃的土地要感謝湯普金斯夫婦（Kristine & Doug Tompkins）的特殊貢獻，謝謝他們的保育及移交。二〇一八年三月，巴舍萊總統受到國家地理學會原始海洋計畫（Pristine Seas）的感召，設立了九個海洋保育區以維護生物多樣性，使智利的海洋保護區占領海面積的比例從巴舍萊上任時的百分之四點二躍升至卸任時的百分之四十二點四，意謂著有一百四十萬平方公里的海洋生物獲得保護。

談到她在任內足以成為生態保育表率的領導作為時，巴舍萊總統說：「我們讓大家看到，不是只有富有的國家才能推行改善環境的計畫。」

大賭注的本質就是要勇敢放膽去做。如果你有很棒的點子想要實施，但是腦袋裡卻有個聲音說：「我永遠不可能做到」，記得趕快叫自己停止這樣想！只要一小步一小步聚沙成塔，大膽無畏的想法就會成為現實。很多一開始看似不可能的事，會隨著你朝向目標前進的每一步而變得更加實際。

# 03 跳出框架

我辦公室門口的牆上掛著一張特別的相片，是我想要展示給所有人看的。照片裡的人是高齡八十好幾的尤妮絲．甘迺迪．薛佛（Eunice Kennedy Shriver），這位特殊奧林匹克運動會的創始人正滿臉笑容地和幾位運動員泡在泳池裡，照片下方有她留的字：「婕恩，希望明年夏天妳和我一起下水！」遺憾的是，來不及等到明年夏天，尤妮絲已經離世。

雖然我無緣和尤妮絲一起戲水，但我認為，自己很幸運能在尤妮絲晚年認識這位非凡的領袖人物，並且發展出深厚的感情，凱斯基金會也很榮幸成為特殊奧運的合作夥伴，協助拓展其國際知名度。尤妮絲的所作所為激勵我要飛得更高，看得更遠，更勇於冒險，同時永遠不要忘記那些最弱勢的族群，要在每一個人的身上看到希望與可能。「和我一起下水」這句邀請時時提醒著我：要跳進生命之池裡創造不同。

要了解尤妮絲這個人，首先得了解她的故事：一九六八年在芝加哥一個濕熱的夏日，尤妮絲舉辦了第一屆特殊奧運，而在七個星期之前，她才剛承受喪親之痛：她的參議員弟弟羅伯特・甘迺迪（Robert Kennedy）被暗殺，這是尤妮絲失去的第四個手足，包括遇刺身亡的約翰・甘迺迪總統。尤妮絲舉辦特殊奧運的動機是為了姊姊蘿絲瑪莉（Rosemary），先天智能障礙的蘿絲瑪莉從小就和尤妮絲玩在一起，感情深厚，所以尤妮絲立志透過運動協助智障者發展能力。一開始尤妮絲在自家後院舉辦「薛佛夏令營」，到一九六八年已有來自全美國及加拿大的智障人士參與。

尤妮絲熱情投入的大賭注是：透過運動改變世界——這個願景在那年夏天把她帶到了芝加哥，在烈日下聚集了一千名運動員，尤妮絲在軍人體育場上帶頭宣讀了特殊奧運的運動員誓詞：勇敢嘗試，爭取勝利（Let me win. But if I cannot win, let me be brave in the attempt.）

那一天，尤妮絲還在運動場上做出了大膽的宣告，說她相信有一天會有超過百萬智障人士參加比賽，這在一九六八年看起來是個狂妄的目標。誰能料想到，數十年後參加者會增加到超過五百萬人，這些曾經被貼上錯誤標籤、被視為「不可能有任何成就」的運動員，每年在全球一百七十個國家共襄盛舉參與比賽。

尤妮絲的夢想是讓所有人活得有尊嚴，這些年來，特殊奧運的使命逐步擴大，納入完善的一系列活動，除了改變大眾對智力障礙者的態度，也為智障人士提供教育訓練、醫療保健、工作前景等資源。始於尤妮絲自家後院的這個活動改變了人們對基本人權和機會的想法，從原本只是向少數有需要的兒童伸出援手，到現在已恆久扭轉社會對身心障礙者的看法。

洛蕾塔．克萊本（Loretta Claiborne）就是因此受惠的運動員之一。她的母親靠社會福利撫養七個子女，醫生在洛蕾塔出生時就預言她活不久，並且建議母親把她送去收容機構，因為她有嚴重的智力缺陷。但是洛蕾塔的母親完全不為所動，她把女兒帶回家，保護她，照顧她，不斷為女兒爭取各種機會，而其中一個機會就是特殊奧運，改變了洛蕾塔的人生，從而改變了無數人的人生。

今日，洛蕾塔是公認的世界級跑者和勵志演講天才，同時碰巧有智力障礙。她跑完了二十六場馬拉松（最佳成績三小時三分鐘），空手道黑帶四段，精通五種語言（包括美國手語），得到兩個名譽博士學位，兩次登上《歐普拉秀》，迪士尼拍了一部以她為主角的電影，而且她曾經多次在總統及國會面前演說。洛蕾塔說：「我認為，要是我的故事能夠改變一個人對另一個人的看法，尤其是某個孩子對另一個孩子的看法，那麼這就是值得去做的正確的事。」

即使是對總統和國會演講，洛蕾塔照樣泰然自若。有次在白宮東廳一場達官顯要雲集的活動中，她在我之前發表演講，而她的發言之精采讓我有點怨嘆怎麼會被排在她後面上台。她自有獨到的力量啟發人心。

多虧了他們自身的無懼精神，以及尤妮絲這類盟友的協助，洛蕾塔和其他運動員，才能跳出框架，打破殘疾人士只能站在邊上旁觀的成見。每一位表現卓越的特奧運動員，首先必須排除根植於自己內心的懷疑，有時候，「賭一把」的第一步是去改變人們的想法（尤其是自己的想法），相信一個人有潛能去改變世界。

最有效的做法就是去做。

——愛蜜莉亞・艾爾哈特（Amelia Earhart）

至於尤妮絲，如果你有機會造訪華盛頓特區，到白宮附近走動時可別忘了低頭看看人行道，找一找紀念尤妮絲功績的超大獎章。這條由光點（Points of Light）組織發起的紀念步道，又被稱為「多走一英里」之路，表揚那些為國為民奉獻服務的人。凱斯基金會很榮幸做為尤妮絲獎章的贊助人，她是無懼精神與無懼行動的楷模。

＊＊＊

每當我看到海或是身在海中時，都會想到一個保衛海洋的英雄：安立克・薩拉（Enric Sala），他是我的朋友，也是國家地理駐會探險家（Explorer-in Residence）。我還記得第一次聽他演講的情景，那個時候他比較年輕，綁著馬尾，帶西班牙口音，用熱情的語調，講述自己發願要拯救地球僅剩的最後幾個原始海洋生態系統，我坐在台下聽得深受感動。安立克的大賭注是：和政府合作，在二〇二〇年之前建立二十個海洋保護區（MPA），包括一些最偏遠、最杳無人跡的原始海域。

安立克的大賭注發源自，先前在加州聖地牙哥的斯克里普斯海洋學研究所（Scripps Institution of Oceanography）當教授的經驗，他說他發表了無數論文，反覆強調海洋生態系統有多麼脆弱，最後突然意識到自己「正在為海洋寫訃聞」。海洋占地球表面積超過七成，安立克深知，保育恢復關鍵的海洋部分不僅能保留自然棲息地和物種，而且海洋扮演著淨化空氣的重要角色，我們呼吸的氧氣超過一半來自海洋，空氣中的碳汙染有三分之一以上是由海洋吸收掉。正如同海洋專家常說的：「海是地球的肺。」

所以安立克決定行動。他知道要建立新的海洋保護區需要各地政府的協作，於是加入國家地理學會提出他的構想。接著他打破一個又一個框架和成見，破除「要讓政府同意合作實在太難了」的想法。他愛掛在嘴上的一句話是：「首先我讓他們愛上大海，然後我再和他們討論要保護這些美妙的地方該怎麼做。」

截至目前為止，已有十八個新的海洋保護區成立了，總面積超過五百萬平方公里。安立克讓不同背景的關係人和組織緊密合作，眼看馬上就要達成二十個海洋保護區的目標，安立克的大賭注即將成為現實，與此同時，他也提升了大眾對海洋的重視以及保護海洋的意識。

我曾經親自體驗過安立克的策略如何奏效，當時我跟著他到古巴外海的女王花園群島原始海域考察，我們連著五天每天潛水三次，團隊中有古巴人也有美國人，我們在潛水的時候計算魚的數量，同時評估珊瑚礁的健康狀況。雖然我在很小的時候就愛上了大海，但是當我潛入這片原始海域時，內心洶湧澎湃的熱情讓我在潛水面罩下淚流滿面。我眼前所見的彷彿是很久很久以前的大海，在人類活動還沒有破壞珊瑚礁健康的時代。一度有隻巨大的石斑魚游在我身邊，我身高超過一百五十公分，而這隻石斑魚遠遠超過我的身長。海中還有很多包括鯊魚在內的大型掠食動物，比我在任何地方曾經見過的多很多。這趟旅程讓我見證了安立克打動人心的能力，讓人願意盡一切努力去保護這些地球上的瑰寶之地。

***

很多偉大點子的開頭是體認到哪些事物行不通，而新的突破往往得益於先前的嘗試——所以千萬別再用「我不夠有創意」來畫地自限。莎拉・布蕾克莉（Sara Blakely）正在為派對著裝打扮，她在長褲裡面穿褲襪塑造修身的效果，但是她不想要褲襪套到腳的部分，因為她打算穿涼鞋。於是她拿出剪刀剪掉腳的部分，這就是 Spanx 的由來。莎拉沒有服裝設計與製造的經驗，她的工作是賣傳真機，但她利用空閒時間盡可能學習，甚至跑去參觀成衣工廠。在創業初期，有一次她向尼曼百貨公司（Neiman Marcus）的採購人員推銷時，直接把這個充滿懷疑的女性採購員帶到廁所裡面去示範產品效果；尼曼成了她的第一個客戶，歐普拉・溫芙蕾（Oprah Winfrey）更宣告 Spanx 是她的「最愛之一」，從此莎拉一飛衝天。她用五千美元（約合台幣十五萬元）資本創立的這家公司現在年銷售額上億，莎拉成為女性創業家的一大贊助人。她的忠告是：「不要因為你不知道的事而擔心害怕。這可能是你最大的強項，就是因為不知道，所以你才會有和其他人不同的做法。」

莎拉是美國隨處可見的創業精神典範。凱斯基金會和各地創革者合作的過程中，深深體會到有很多領域需要先破後立，很多現狀應該被打破。我記得幾年前在德州奧斯汀參加西南偏南（SXSW）年度盛會時，我坐在兩個年輕創業家的對面；那是一個晴朗美好的下午，我們卻花了一整天坐在飯店的會議室，看著創業家進進出出、來來去去。然而這兩個年輕人大衛・吉爾博亞（David Gilboa）和尼爾・布魯孟塔爾（Neil Blumenthal）真的很突出，他們的點子日後撼動了一個非常成熟的產業：眼鏡業。

大衛和尼爾在華頓商學院念MBA的時候，手頭拮据的大衛弄丟了眼鏡，換新眼鏡花了他七百美元（約合台幣二萬一千元）。這促使他們開始思考：有沒有更好的辦法？尼爾曾經為非營利組織「視力之春」（VisionSpring）工作，這個組織訓練開發中國家的貧苦女性創業，為一天工資不到四美元（約合台幣一百二十元）的人提供驗光服務，然後賣給他們負擔得起的眼鏡。尼爾協助這個非營利組織擴張至十個國家，援助了數千名女性創業家，視力之春的工作人員人數也從兩個人增加到三十個人。當時尼爾沒有想過在非營利機構萌生的概念可以轉移到私人企業，後來在華頓商學院，他和大衛被換眼鏡的高昂費用嚇到了，因而產生考慮投入眼鏡產業的想法時，他們決定要成立一家不只是以賺錢為目標的公司，同時還要負起社會使命。

他們問了一個很簡單的問題：為什麼從來沒人在網路上賣眼鏡？嗯，因為有些人認為這是不可能的。一來是因為眼鏡業幾乎是個壟斷市場，廠商控制著銷售管道和定價，而這些高昂的價格就這樣轉嫁到消費者身上，即使造成有些人因為負擔不起而乾脆不配眼鏡、湊合著過日子，也從來沒有人質疑過這個體系。二來是因為人們不太會想要在網路上購買像眼鏡這種需要精密調校、量身定做的產品。此外，網路眼鏡公司該怎麼經營也是個問題，大衛和尼爾必須能夠供應顧客時尚有型的鏡框，尺寸合適，還要準備各種度數的鏡片。

二〇一〇年，大衛和尼爾靠著華頓企業孵化中心（Venture Initiation Program）提供的兩千五百美元種子資金（約合台幣七萬五千元）開設了自己的公司，提供一系列流行鏡框，價格壓低至九十五美元（約合台幣三千元），並且很聰明地在時尚雜誌上做宣傳。他們為公司取的名字是瓦爾比派克（Warby Parker），這是傑克．凱魯亞克（Jack Kerouac）小說裡的兩個角色。他們在一個月內賣光了存貨，等候名單達兩萬人，然後在一年內得到了可觀的融資。他們不斷精益求精，推出前所未有的「在家試戴」方案，設立一連串的精品展售店，甚至推出了測量視力的手機App程式。今日，瓦爾比派克公司的估值為十七點五億美元（約合台幣五百三十億元），擁有一千四百名員工和六十五家零售店。

不僅如此，尼爾和大衛持續分享瓦爾比派克的成功果實，送眼鏡給有需要的人。他們的「買一捐一」方案獨特之處，在於並不是單純免費送出眼鏡，而是在開發中國家訓練想要創業的人，讓他們具備足夠的能力去賣眼鏡。到現在，瓦爾比派克送出的眼鏡已有四百萬副，他們的雙重使命是為所有人供應平價的眼鏡，以及讓全世界窮人有更多機會取得他們需要的眼鏡，這一切讓瓦爾比派克成為打破框架的社會企業模範。

> 重要的不是你能累積多少財富或是賺到多少錢，而是你能創造什麼樣的影響和改變。
>
> ——尼爾・布魯孟塔爾

人權律師布萊恩・史蒂文森（Bryan Stevenson）一輩子都在努力跳脫框架，他最大的抱負就是誓言終止因為種族不平等的餘毒而導致的大量監禁。如同他所說的：「我相信，我們社會裡每一個人的價值，不是取決於這個人所做過最壞的事。」他所創立的「司法平等倡議會」（Equal Justice Initiative）一路從篳路藍縷走到贏得重大司法判決，目標是消滅過度和不公正的判刑，為誤判死刑的無辜者平反，為受刑人與精神病患爭取公正的待遇，幫助被視同為成人審判的兒童。布萊恩在接受《太平洋標準》

（*Pacific Standard*）雜誌訪談時解釋道：「在美國，有色人種背負著沉重的擔子。這種認為我們是危險人物的成見壓得人喘不過氣來。但是我們的社會不肯談論這件事，不肯明白說出來，這個重擔只會愈來愈沉重。非白人必須小心避免踩到地雷，搞得精疲力竭。」

布萊恩很清楚這種精疲力竭的感覺。他在德拉瓦州上小學一年級的時候，念的是種族隔離學校，一年後雖然各校開始取消種族隔離，他還是被禁止在下課時間去玩學校的攀爬架。每次去看醫生，他和爸媽都得從後門進出。

他親身體驗到劃分族群的鴻溝，並且對那些因為沒有機會跨越鴻溝而過得不好的人感同身受。他在極富影響力的著作《不完美的正義》（*Just Mercy: A Story of Justice and Redemption*）中寫道：「缺乏同情心會腐蝕整個社會、整個國家的良知。恐懼和憤怒會使我們心懷惡意，做出可怕、不公平、不正義的事，直到我們所有人都因為慈悲心的消逝而受苦受難，一面自怨自嘆，一面迫害其他人。我們愈是走向大量監禁和判處極刑，我愈是相信有必要體認到我們每個人都需要得到慈悲寬容，都需要得到公平正義

——或許多多少少也都需要我們本不配獲得的恩典。」

布萊恩已在美國最高法院取得數起勝訴，二〇一七年更贏得歷史性的判決，法院裁定，對十七歲以下的兒童強制判處終身監禁且不得假釋是違憲的。

談到這起判決時，布萊恩說：「法院向前邁進了一大步，認識到，如果在判刑時不去考慮兒童的獨特狀況，以及兒童改變的潛能，因而強制判處無期徒刑，從根本上就是不公平的。法院認識到，在刑事司法體系中，兒童需要額外的關注和保護。」要找回慈悲心，需要我們社會中的每一個人放下成見，讓真正的正義得以伸張。

「大賭注」的一個共通特質是，它往往與普遍的看法背道而馳，或者是推翻一般人的信念，所以在這些大賭注實現之前，很容易被人嗤之以鼻。如果你提出了一個想法，卻被別人說：「不可能做得到啦！」那麼這個點子說不定就是一個大賭注喔！本章的故事告訴我們：偉大的構想可能來自任何地方、任何人，包括那些不被看好的人。你是否有勇氣面對別人對你或你的點子提出質疑，並且把這當成一種動力？你能不能對懷疑的人大聲說出：「看我的吧」？

# 04 洞見未來

發明靠的可不是眾人的意見。汽車大王亨利・福特（Henry Ford）的名言是：「如果當初我去問顧客想要什麼，他們會說：『更快的馬』。」開創新局的夢想家必須能夠洞見未來，看到別人看不見的東西。汽車剛問世的時候，人們首先關注的是這項新發明的缺點，目光聚焦在可能的風險上。新事物總是如此引人焦慮，我們這個時代最新的無人駕駛車不也是這樣嗎？歷史上許多最重要的創新發明，都來自走在時代前面的夢想家，必須等待世人慢慢趕上。

當一項新發明被廣為接受，人們很容易忘了從前的情況。現在誰能想像沒有網路的生活？然而不過短短二十多年前，一九九五年的時候只有四分之一的家庭擁有電腦！再往前推一點，一九八五年美國線上成立時，美國只有百分之三的人上網，而且平均每週上網時間只有一小時，離「讓美國上線」的目標遠得很。當時絕大部分的工作不需要電腦技能，智慧型裝置更是連影子都還沒有。我清楚記得一次又一次聽到客戶說：「我才不需要什麼電子郵件信箱」或是「我們公司不需要上網」。

但我們的使命是，讓各種觀念和資訊透過自由平等的管道供應給所有人，這是必然的趨勢，也是讓人期待的願景，所以我們堅持全力以赴。我們花了九年的時間讓客戶人數成長至一百萬，第二個百萬則只花了七個月的時間。今日很多人根本不再使用電腦，而是使用新一代的智慧型手機和平板。

要洞見未來，除了觀察趨勢往哪兒走，另一個方法是乾脆決定自己開創新趨勢。亞馬遜購物網站（Amazon）就是一個突出的例子。在大眾對線上刷卡的安全性仍抱持疑慮時，亞馬遜讓消費者習慣了線上購物，到現在，人們不僅允許購物網站儲存他們的信用卡資料、追蹤消費紀錄，還可以根據個人偏好推薦商品。

亞馬遜的創辦人傑夫·貝佐斯（Jeff Bezos）是我的多年老友，我們在傑夫賭上一把、剛創立亞馬遜時就已相識，當時網路科技才剛起步。傑夫的生平事蹟在許多方面是無懼精神和美國夢兩者的具體寫照，他的母親生下他時才十七歲，正在讀高中，傑夫四歲時母親嫁給了一個古巴移民。我們這些認識傑夫的人都能感受到父母親在他生命中的影響。傑夫年少時的夏天是在外祖父母位於德州的牧場度過，從小就要幫忙幹活，等到年紀稍長，牧場工作更鍛鍊出他隨機應變的能力與自信。他在《商業內幕》（*Business Insider*）的訪談中提到：「我們修理風車、鋪水管、造圍籬、蓋穀倉，還要修理推土機。」他談到自己在牧場上學到很多東西，包括腳踏實地解決問題的態度和團隊合作的重要。

傑夫從普林斯頓大學畢業後在華爾街嶄露頭角，年紀輕輕就成為避險基金經理人，並在一九九四年向父母宣告想要成立一家網路公司。他父親的第一個問題是：「網路是什麼？」傑夫並沒有因此受挫，他的眼中只有數字，自從看到網際網路在一年內成長了二十三倍以後，他就一直在尋找適合的產品，然後在調查研究了二十種不同類別以後決定賣書。傑夫的爸媽是他的第一號投資人，拿出了大半生的積蓄給他。傑夫後來說，他的爸媽並不是投資於網際網路的概念，他們根本不懂網路；他們是把賭注放在兒子身上——儘管傑夫警告，他們有七成的機率會血本無歸。

傑夫從收入豐厚的華爾街跳槽到新興的科技業時，並不知道這大膽的賭注會有什麼結果。但是如同他自己後來的解釋：「我知道八十歲的時候我絕對不會去想，比方說，為什麼我會在年中最差的時機放棄獎金離職。這可不是你在八十歲的時候會煩惱的事。到那個時候，我知道我真正會後悔的事情是，明明知道這個叫做網路的東西將會引發革命，但卻沒有趕上這股風潮。這樣一想……就非常容易做出決定了。」這就是傑夫的大賭注。

要有新的發現，機緣必不可少。

——傑夫・貝佐斯

結果證實，傑夫確實眼光獨到，亞馬遜的銷售額在一個月內衝到兩萬美元（約合台幣六十萬元），一年後傑夫募集到八百萬美元的資金（約合台幣兩千四百萬元），並於一九九七年公開上市。接著在一九九八年，亞馬遜開始賣音樂和影片，不久之後又跨足其他產品，包括電子產品、家用品和玩具。

樹大招風，隨著亞馬遜成長為美國最成功的企業之一，其革新的商業模式也招致了一些爭議。經濟學家保羅．克魯曼（Paul Krugman）就宣稱，亞馬遜「力量太大，而且是以對美國不利的方式運用這股力量」，和他持有相同看法的人認為，亞馬遜是美國零售業衰退的禍首。但是持另一派看法的人則認為，這不能歸咎於亞馬遜，傑夫只不過是看見了新的趨勢，然後透過迎合消費者的需求而獲利，消費者想要的是更多選擇、更方便、價格更具有競爭力。

而且亞馬遜持續不斷創新，始終向前展望尋找新機會。二〇〇七年 Kindle 電子書閱讀器問世時，電子書的數量少之又少，只有兩萬本可供下載；但是到了正式開賣時，書籍數量已提升至九萬本。今日亞馬遜的 Kindle 電子書商店有超過五百萬本電子書，其他平台的書籍數量也是以百萬計。亞馬遜也持續在其他領域求新求變，包括影音串流服務以及 Alexa 這類進駐全世界家庭的智慧型裝置。

傑夫・貝佐斯的故事廣為人知，但是還有其他許許多多的人每一天都在窺看未來，投下大賭注。其中莎拉・帕卡克（Sarah Parcak）是我最喜愛的例子之一。她是國家地理學會會士，在二〇一六年榮獲TED百萬美元大獎。我會注意到她，是被她「太空考古學家」的頭銜所吸引，她的推特（Twitter）用戶名稱 @IndyFromSpace 更增添了我的好奇。莎拉活力十足，對工作領域充滿熱情，而且這股熱情極具感染力。她運用最新穎的科技去尋找地球上最古老的建築物，發掘隱藏在地表之下的文化珍寶，這些金字塔、寺廟等古跡歷經了時間和大自然力量的洗禮，被掩埋而不為人知。以往考古學家通常只能憑藉有限的資料尋找挖掘地點，現在則是可以透過莎拉的協助，找出最可能藏有古蹟的「熱點」。

莎拉認為，自己在緬因州班戈（Bangor）的成長經驗啟發了她的職業生涯。她會花好幾個小時在沙灘上走來走去，尋找一種叫做「沙錢」的生物的硬殼。莎拉說：「沙錢很難找，藏在沙裡面不容易看到。久而久之，我學會了怎麼觀察，我開始能夠看出形狀和圖案，讓我找到想要收集的沙錢殼。」挖沙錢的經驗培養出莎拉辨識形狀的高超能力，激發了她對尋寶的熱愛。截至今日，莎拉運用衛星科技的創新方法已發現了十七座先前不為人知的金字塔。

但是莎拉的夢想並未止步於此。她贏得TED大獎的願望是「人人都能成為考古學家」，讓全世界共同參與發掘古蹟，保護珍貴的文化遺產，避免這些文物受到偷盜者或恐怖組織如ISIS的摧殘盜賣。莎拉站在TED的演講台上宣告：「考古學家是文化記憶的保存者，也是文化代言人，為數十億的古人和成千上萬的古文化發言。我相信還有數百萬處尚未被發現的考古遺址。發現那些遺址，將會開啟人類存在的全部潛能。」

全世界有許多古蹟等著人們去發現與保護，這個迫切的需求促使莎拉大膽思考。莎拉知道，就算所有太空考古學家不眠不休努力，以目前大約兩百人左右的人力要找出數以百萬計的遺跡地點，實在是杯水車薪。所以她的大夢想就是推動全民考古，組成二十一世紀的全球探勘隊，並且訓練這支大軍搜尋遺蹟。她打算用TED的獎金建置一個群眾外包的線上平台，讓全世界各地的人有機會去檢視然後找出隱藏的古蹟。這種「大數據」式的方法掀起了一場全球探勘革命，一般人也能協助檢視從太空拍攝然後劃分為數百萬個小方格的地表照片，結果在多個國家內找出了數萬個可能的古蹟遺址。貢獻最多的其中一位探勘者是個九十多歲的老奶奶，她對考古的熱情誕生於一九五〇年代，當時她和老公在自家後院挖出了一塊化石。這證明了不管你是誰、不管你住在什麼地方，都能對保存文化遺產做出貢獻。

在本章中，我們談到很多大賭注的誕生是因為觀察到了趨勢走向，或者是乾脆自己創造新趨勢。這世上並沒有什麼可以預知未來的水晶球，很多大賭注之所以被實現，是因為有人大膽地想像出一個不一樣的未來——一個其他人尚未看見的未來——並且勇敢追夢。你想要看見什麼樣的世界？你想要建造什麼樣的未來？實現夢想的關鍵，就是不要去聽那些反對或潑冷水的聲音，堅定地朝向目標邁進。

# 05 去吧，投下你的賭注

高中時有一天我和校長走在一起，他問起我的某個目標有什麼進展，我有點怯怯地回答：「我實在找不出時間做這件事。」他停下腳步，直視我的眼睛對我說：「妳不能等著找時間去做重要的事。妳必須騰出時間去做重要的事。」校長的教誨直到今天我依然銘記在心，看我的行事曆就能知道哪些是真正重要的事。

你是否有自己的大賭注？也許是生活上，也許是工作的大賭注。今日你所做的決定，可能會影響之後發生的事。你所建立的人際關係與人脈，甚至包括你如何運用私人時間，這些全部加起來是十分可觀的資源。所以問題是：你想要達到的最終目標是什麼？我們很容易隨波逐流，卻忘了停下來檢查前進的方向，看看自己正在走的路是不是能拉近與目標的距離。

帕克蘭市瑪喬麗・斯通曼・道格拉斯高中的學生某天照常上學，腦袋裡面想的是怎麼樣通過考試和順利畢業，結果卻被校園大規模槍擊案一下子給拽離了日常生活的軌道。他們毫無心理準備——話又說回來，誰能預料得到會發生這種事情？但他們當中的許多人把這場悲劇視為改變的機會，推動亟需的變革。Airbnb 的創辦人布萊恩・切斯基和喬・傑比亞剛開始幾乎沒有任何資源，不要說是大賭注了，連小賭一把的籌碼都沒有。但是當他們遇到需要解決的問題時，他們從無到有打造出了解決方案，真的是「憑空氣（氣墊床）」賺錢。莎拉・布蕾克莉只有區區五千美元的資本，但她憑著毅力讓 Spanx 的點子成為熱賣商品。傑夫・貝佐斯懂得觀察趨勢，是因為受到冰上曲棍球傳奇名將韋恩・格雷茨基（Wayne Gretzky）的話語啟發：「要看球往哪裡去，而不是看現在球在哪裡。」

你呢？要從什麼地方開始？

如果要你思考未來，打破人生既定的框架，你會想到什麼？已經有很多人做了這樣的嘗試，並且得到絕佳的結果。無人駕駛車的概念剛提出時感覺像是科幻小說，但是今日即將成為現實；還有無人機配送服務也是。我們可以輕易預見電視機和市話在未來將會消失。我們可以想像尚未被發明出來的乾淨供水系統、乾淨的燃料和食物源。想一想這一切對你而言有什麼意義？你現在站在什麼位置？你想要參與創造什麼樣的想像中的未來？

「預測未來的最佳方法就是去創造未來。」這句引言有人說是出自林肯總統，也有人說是出自管理大師彼得．杜拉克（Peter Drucker）。不管是誰說的，重要的是這句話的精神。找到你的大賭注以後，就放手去做吧。釐清你的目標，切分為可達成的階段性任務。每一個偉大的夢想總是要從踏出第一步開始。當你確認了大方向以後，請向全世界大聲宣告。許多大無畏的成就都可以追溯至許下承諾的那一刻。當甘迺迪總統宣告：「我們選擇在這十年內登陸月球」，這個目標就變成真實的。有一次我對聽眾提到甘迺迪的登月承諾，在場有一位女士是太空人的妻子，她指出甘迺迪不只宣布要把人送上太空，還說「要安全送回地球」。這也是甘迺迪的大賭注的一部分。你的登月賭注是什麼？你要怎麼樣實現這個賭注呢？

投下大賭注以後，別忘了目光要牢牢盯住你的正北方，也就是驅策你往前的終極目標。我的正北方始終是「讓其他人更有能力」，換句話說就是「賦能」的概念。正北方是指引你前進的燈塔，永遠不會改變。正北方不僅是一份工作或一項事業，而是畢生引導你的方向。

在「敢賭一把」這個原則中介紹的創革者身上，我看到他們積極追求與眾不同的世界，實現重要的改變。芭芭拉・范達倫想要一個戰士們可以得到支持、安心解甲歸鄉的世界；芮秋・蘇邁克想要一個大學生不會挨餓的世界；阿斯特羅・泰勒想要一個可以駕馭科技去解決「不可能解決的問題」的世界；帕克蘭市的高中生想要一個把孩子的生命看得比槍枝更重要的世界；尤妮絲・甘迺迪・薛佛想要一個身心障礙不會妨礙贏得勝利的世界。

最吸引我注意的一點是，這些人來自社會各階層，他們很多人和你我並沒有什麼不同，都是普通人——他們最搶眼的特色就是對夢想抱持熱情，決心要實現自己的夢想。

原則二：

# 勇於承擔風險

# 06 走出舒適圈

我努力在九公尺高的電線杆頂端站穩腳步，然後低頭對下方的教練喊：「我覺得我做不到」，心裡感到又羞又窘。我報名參加了戶外拓展訓練活動，這是其中的一個練習。我們這一組有六個人，當教練問誰要打先鋒的時候，我舉起了手。現在我開始懷疑自己哪裡來的勇氣。

這個練習的目標是要爬到九公尺高的頂端，然後走過一根橫放的杆子，走到對面九公尺遠的另一根電線杆上。這個練習的名稱是「高空獨木橋」，勇氣正是我現在最需要的東西。我已經在第一根電線杆的頂端站了好幾分鐘，腿發抖，心狂跳，底下五個隊友張大嘴巴瞪著我看。雖然我身上綁著安全索，但只要一想到要踏出腳步走上那根橫放的杆子，我就嚇得動彈不得。「我真的覺得我做不到。」我再說了一遍同樣的話，一邊努力忍住眼淚。

「不管怎麼樣你可以試試看啊」——教練對我說的這句話改變了我之後的人生，或者至少可以說改變了我的觀點。我可以試試看。我可能會失敗或跌跤，那又怎樣？反正我身上綁著安全索。反過來說，我可不想就此放棄，摸摸鼻子爬下電線杆舉手投降。我想要面對我的恐懼，承擔結果，不管會是什麼樣的結果。

所以我踏出了第一步，走上橫木，然後再一步，又一步。我有些搖搖晃晃，但還是慢慢沿著那根橫杆前進。走到大約三分之一的地方時，我開始失去平衡，就在這個時候我聽到下面傳來一個聲音說：「妳行的！專心！加油！」我停下來穩住身體。站在高空的我，身邊三公尺內沒有可以抓附的東西，我深吸一口氣，繼續橫越，重新踏出腳步，感覺起來好像比一開始的時候更加艱難，但我持續向前。抵達對面的電線杆時，我只用了最短的時間摸一下，然後就原路折返。當我的雙手終於再次抓住原本我爬上的那根電線杆時，底下爆出了一陣歡呼。我一路往下爬回到地面，所有人為我喝采叫好。

解開安全索以後，我的腿還在發抖，我把注意力轉向其餘五個將要追隨我腳步的隊友。等到所有人都完成練習，我們圍成一圈討論剛才的經驗。

討論中，教練一度興味盎然地盯著我看，問我：「婕恩，妳在上面的時候發生了什麼事？妳有什麼感覺？」我承認我很害怕，覺得自己不可能做到。然後她問了一個以前從來沒有人問過我的問題：「妳認為，妳在人生中是不是多半選擇妳知道妳能做得好的事情去做？」哇。我從來沒有考慮過這一點，但是仔細想想，確實是這樣沒錯。我通常是在那些我多少有些把握和信心的領域取得成就。教練又問：「有沒有什麼事情是妳一直想做，但是一直沒去做，因為妳害怕自己會做不好的事？」我坐在那兒想了好一會兒，教練又接著提議：「要不然妳列一個清單吧，寫下那些妳想做但是沒做，因為妳怕自己沒辦法做得很棒的事。」

等我回到寢室，我真的列了一張清單。這份清單不長，但我還是很訝異發現自己竟然是個這麼不愛冒險的人。當時我並不知道這份清單會開啟一種嶄新的生活方式，從而帶給我更多的樂趣和滿足。

從我鼓起勇氣橫越高空獨木橋的那一天到現在已過了十多年，由於我刻意逼自己去做那些不一定有把握成功的事，所以我獲得了更精彩豐富的人生。是的，難免有失敗的時候，但我的自尊不允許自己因為害怕而退縮。登山、跆拳道、與鯊魚一同潛水、在南極洲的海冰上漫步，嘗試這些新事物是新奇又有趣的經驗。不過比起身體的冒險，更重要的是冒險的精神已完全融入我的生活和工作，當我開始感到安逸時，就知道我該轉換方向了。

或許你會害怕冒險，不敢放膽去做，甚至不敢嘗試新事物。我希望你能像我一樣從本書中的故事得到鼓舞。接下來，你會看到許多人大膽冒險而獲得非凡的成就，這些故事清楚告訴我們：無懼的人與其他人的不同之處，並不是他們沒有害怕或恐懼的情緒，而是他們能夠克服恐懼。卡特總統（Jimmy Carter）曾經說過：「爬上樹才有果子可摘。」希望這些故事能鼓勵你勇於冒險，然後享受大膽嘗試之後的果實。

偉大探險家的故事總是讓我深深著迷，成為國家地理學會董事會主席之後讓我有機會認識許多新朋友，他們赴湯蹈火為我們所有人開拓新世界。其中讓我格外感佩的就是埃萊莎．席德莫爾女士（Eliza Scidmore），她是我的前輩，在一百多年前的一八九二年成為國家地理學會首位女性董事會成員。我和埃萊莎有很多共通點，她也是來自美國中西部核心區的孩子。埃萊莎出生於一八五六年，她的母親和我媽媽一樣，想讓自己和孩子過更好的生活，於是在和丈夫分居以後帶著兩個孩子搬到華府經營一間供膳宿舍。在繁華的首都，埃萊莎感覺自己的世界變得更寬廣，她置身於外交官、政治家和軍官之間，其中很多人去過遙遠的地方旅行，口中談論著異鄉的美景和冒險經歷。這些故事讓埃萊莎對地理學充滿憧憬，她會花很長的時間盯著地圖研究。埃萊莎在一八九〇年接受採訪時說：「我對旅行的熱愛是天生的，就像原罪一樣與生俱來。我編織的夢想全都是關於其他國家的事。」

在那個時代，單身女性要獨自旅行幾乎是不可能的事，更別說是去未知的領地探險。但是埃萊莎決心造訪那些讓她魂牽夢縈的地方，所以她想出了一個很聰明的辦法。她在十九歲時從歐柏林學院（Oberlin College）畢業，接著以 E. R. Scidmore 的筆名開始當起了記者，用姓名縮寫的方式掩飾她的性別。記者「席先生」迅速竄紅，為埃萊莎賺進足夠的錢來支持她的報導工作。她的第一趟遠征是搭蒸汽船前往阿拉斯加荒野，她寫下了當地部落和第一批白人拓荒者的故事，也寫下了這片原始土地的壯闊。一八八五年，埃萊莎出版了第一本阿拉斯加旅遊指南，比阿拉斯加正式成為美國第四十九州還早了七十五年。

由於埃萊莎的哥哥在美國駐日領事館服務，所以埃萊莎跟著哥哥走遍了遠東地區，並且用生動的筆觸記錄所見所聞，寄回美國發表。一八九〇年埃萊莎加入剛成立不久的國家地理學會，成為《國家地理雜誌》第一位女性作家及攝影家。埃萊莎的足跡遍及全球，去過印度、中國、爪哇（今日的印尼）、韓國、俄國等地，她的投稿協助《國家地理雜誌》打響名號，成為報導未知地域自然與人文風土的專家。在一個女性「理應」顧家的時代，埃萊莎卻成了一個四處漫遊的探險家。

當她第一次造訪日本時，埃萊莎看到了後來被她形容為「全世界最美麗的東西」——日本櫻花樹。她深信嬌美的櫻花能為祖國的首都增添不少風情，於是她開始運用自己漸增的影響力去遊說推動在華府種植日本櫻花樹，點綴「泥濘不堪入目」的潮汐湖（Tidal Basin）。埃萊莎花了二十年的時間實現這個願望，在她和當時的第一夫人海倫・塔夫脫（Helen Taft）努力奔走下，美國和日本的官員聽說了這件事，事情接著有了進展。一九一〇年日本政府致贈的第一批兩千株櫻花樹送到了，今日，櫻花已成為華盛頓春天的代名詞，也是埃萊莎留下的永恆印記。

這是你的路，你得自己走。
其他人可以陪著你走，但沒人能代替你走。

——波斯詩人魯米（Rumi）

歷史上有很多值得我們借鏡的偉大探險故事，例如南極探險家歐內斯特・薛克頓（Ernest Shackleton）率隊計畫橫越南極大陸的傳奇冒險經歷。他們的船「堅忍號」（Endurance）在距離南極洲只剩一天航程的地方被浮冰團團圍住，寸步難行。薛克頓和船員被困在船上好幾個月，靠著軍事化的紀律分工合作，在逆境中求生。最後在浮冰擠壓之下堅忍號爆裂折毀，幸好過程緩慢，薛克頓從木頭一開始發出詭異的嘎吱聲就得到了警告，所以有足夠的時間召集人馬搶救出救生艇。他們在冰上拖著救生艇朝向未結凍的海面前進，打算航行數百哩穿過這片全世界最危機四伏的海域之一。

後來全體船員奇蹟似地抵達了象島（Elephant Island），並且在島上建立起營地。但是薛克頓心裡明白，待在沒有船隻會經過的象島上，獲救的機會微乎其微，所以他率領一隊五人小組再次搭上小木艇，不懼危險航向數百哩外的南喬治亞島（South Georgia Island）。好不容易抵達南喬治亞島，還得翻越險峻的冰封山脊，但是一想到在象島上等待救援的夥伴，就讓薛克頓鼓起動力向前。最後他們終於找到了一個捕鯨站，安排人手回去拯救同伴，最後全員逃出生天。

薛克頓留下的傳奇故事在今日被寫成書、拍成電影，也是ＭＢＡ領導課程研究的內容。一代又一代的探險家受到薛克頓大無畏的精神啟發，出發去探索嶄新的疆界。遠征的目標雖然沒有達成，但是之後薛克頓被問到他遭遇的種種艱辛險阻時，他的回答是：「不管怎麼說，困難就是需要人去克服的。」

生活在現代的我們也會體驗到需要勇氣的時刻，而不僅是紙上讀到的故事。我很幸運有許多這樣的機會，例如一九八一年世界首架太空梭哥倫比亞號（Columbia）在佛羅里達州的甘迺迪太空中心（Kennedy Space Center）發射升空時，我非常榮幸在現場。我當時的老闆克萊．蕭爾以佛州國會議員代表的身分受邀觀禮，他慷慨地邀我同行。發射的那一刻發出了震耳欲聾的轟轟聲，我清楚感覺到腳下的地面隨時可能塌陷，那種感覺直入骨髓。我看著流線型的太空梭升空，深刻意識到這艘太空梭承載著活生生的人命，這些太空人的勇氣遠遠超出我能想像。我記得當時心裡想著：「他們能做到這樣，那我能做到什麼？」

我在一生中曾經親眼見過許多胸懷大志的人，我傾聽他們的疑慮，看著他們在談到要踏入未知的領域時流露出不安的神色。能夠把這種不安化為驅動力的人，往往是最後出頭的贏家。他們或許不會第一次嘗試就成功，但是他們就像薛克頓和我目送升空的太空人一樣，不放棄繼續向前走。

二〇一七年我跟著國家地理學會前往南極洲，旅程的第一天就發生一件事呼應了這種「向前走」的精神。當時我爬上一道陡峭的冰脊之後又爬下來，正在慶幸自己只滑了兩跤而且並無大礙，這個時候我注意到有一隻好奇的南極企鵝朝我們走來。這隻企鵝肯定是在冰雪上行進的專家，但是因為太專心觀察我們，一個不穩就摔倒了，肚皮著地。只見牠不慌不忙站起身來，繼續前進。我們當中有些人忍不住笑出聲來，但事實是，不管你有多厲害，每個人都有可能跌倒。重點是跌倒了要再站起來，往前走。

你可能跟我一樣，都覺得踏出舒適圈是一件……嗯，很不舒服的事，寧願活在舒適圈內，然而本章的故事告訴我們，唯有踏出舒適圈才能有不凡的成就。承擔風險需要膽量，必須要踏入不熟悉的領土，嘗試新的而且往往是無法預期的事物。所謂「突破」，就是要做出從來沒人做過的事。你正在考慮該不該踏出舒適圈去做那件你不熟悉的事嗎？最難的就是第一步。別忘了我在九公尺高的電線杆上搖搖欲墜時得到的那句建議：「不管怎麼樣你可以試試看。」記得用這句話給自己打氣。

# 07 用研發的心態管理風險

當我和傳統的組織機構合作時，每次問到他們能不能接受冒險，總會看到董事會成員顯出侷促不安的樣子，甚至連企圖重整再造的組織也是如此。沒什麼人天生傾向朝危險奔去，反而是常聽到人說：「我們要怎麼樣盡量減少或完全排除風險？」

但如果我們把「冒險」替換為「研發」，會發生什麼事呢？整個形象會從有勇無謀的行動，轉換為一個有目標的過程，有時候這個過程需要不斷累積。這樣一想，恐懼感就減少了，風險不再是拿生命做賭注，而是發現新事物的過程一部分。

我們的大腦迴路傾向規避風險。早期人類的生活環境處處有危險，所以大腦被訓練成能夠迅速判斷何時該逃、何時該反擊。今日我們需要幫大腦做另一種不同的訓練，問自己：「冒這個險有什麼壞處？有什麼好處？什麼都不做又有什麼壞處？」

為了培養試驗的精神，有時候先用腳趾頭試試水溫是最好的方式。當我遇到非常厭惡風險的組織時，通常會建議他們，考慮撥出少量資金投資於特殊專案，來測試新點子的可行性，例如百分之一的預算。這樣一來，風險不再可怕，而是變成了研發過程。

隨便去問哪一家私營企業的執行長，他們都會告訴你，研發是創新公司的命脈。沒錯，在測試可行與不可行的過程中難免會遇到失敗，但是如同據說是愛因斯坦說的那句名言：「在放棄嘗試之前都不算失敗。」不論是推行方案、開發產品或發起運動，都是如此。我常聽到社會機構的人這樣抗議：「可是我們沒有資金去做研發啊！」我的回應是，引用當代最偉大創新者之一的賈伯斯（Steve Jobs）說過的話：「創新和花多少錢研發沒有關係。蘋果發明麥金塔電腦的時候，ＩＢＭ花在研發上的錢比我們多了至少一百倍。這和錢無關，而是要看你有什麼樣的人才、得到什麼樣的引導，以及你領悟了多少。」嘗試去做並不需要大筆預算。

在放棄嘗試之前都不算失敗。

——愛因斯坦（Albert Einstein）

現實中常會遇到預算緊繃和計畫資金「凍結」的情況，尤其是基金會的運作，以及政府推行的方案，因為有嚴格的規範，更常遇到這種情況。非營利機構和政府如果嘗試失敗，常被貼上浪費、濫用甚至詐騙的標籤，因此更不願意冒險。

然而大家都知道試驗的重要性，早期階段的大量試驗是科學和醫學眾多突破的基石。所有可靠的科學或醫學機構一定設有實驗室，也就是專門做試驗的地方。同樣的思維，也可以套用至個人和非營利組織所做的努力。不管是哪個部門，每個人都應該有這個權力與能力去做實驗，測試不同的想法、市場機會，或甚至改變營運模式。

有很多科學和醫學的絕佳範例讓我們看到：敢冒大風險才能改變世界。以天花為例，這種疾病在十八世紀末肆虐於歐洲村鎮，死亡率高達百分之三十五。一位名叫愛德華．詹納（Edward Jenner）的英國醫生觀察到，擠牛奶的女工感染過牛痘之後，即使接觸天花病人也不會得病。所以詹納進行了在當時看來簡直是瘋狂的一個實驗：讓健康的人注射少量牛痘，測試能不能避免感染天花。在兩百多年後的今天，疫苗注射是預防眾多疾病的常規實務，詹納發現的牛痘疫苗已使得天花在世上絕跡。

另一個很棒的例子是國家地理學會探險家珍．古德的經歷。我還牢牢記得第一次見到她的情景，當時她「回娘家」參與國家地理學會的探險家年會，她以優雅的姿態上台，用讓人難忘的英國腔介紹她的重要成就，讓台下的觀眾聽得如癡如醉。事實上，早在二〇一七年，叫好又叫座的紀錄片電影《珍》（*Jane*）上映之前，她已名聞全球。一九六五年國家地理學會就製作了一部影片《古德小姐與野生黑猩猩》（*Miss Goodall and the Wild Chimpanzees*），片中介紹她在非洲坦尚尼亞的貢貝溪國家公園（Gombe Stream National Park）所做的研究。珍早年在野外研究黑猩猩的照片更被很多人視為國家地理雜誌的代表形象。

珍的一生是無懼的楷模。她對動物的熱愛以及想要從事動物相關工作的心願，讓她在二十六歲時來到非洲拜訪朋友。當時知名的考古人類學者路易斯・李奇（Louis Leakey）對人類起源的研究得到突破性進展，珍大著膽子求見，李奇見到她之後當場決定雇用她擔任祕書。珍沒有念過大學，但是李奇打算親自指導她。幾個月後，已婚而且比珍大三十歲的李奇向珍告白，表示愛上了她。珍說這樣的發展讓她不知所措，非常擔心她持續拒絕李奇的結果是讓她夢想的科學研究工作前途黯淡。不過儘管珍對李奇沒有興趣，李奇還是繼續支持她，為她籌募到必要的研究資金，讓她得以深入叢林研究黑猩猩。

由於珍沒有受過正規的學術研究訓練，所以她自己發明了非正統的方法去觀察黑猩猩。在觀察的過程中，她給猩猩取名字，帶著素描簿做筆記並且畫下觀察到的行為。不久之後，黑猩猩和她交上了朋友，會固定來訪，與她互動。珍的研究得到驚人的突破，她觀察到黑猩猩不只是會使用工具，而且會用找到的物品製作工具，這顛覆了傳統的觀念，認為只有人類具有這種複雜的能力。李奇就是深受震撼的其中一人，他發了一封電報告訴珍：「現在我們必須重新定義『工具』，重新定義『人類』，不然就是要接受黑猩猩是人類。」

後來珍得到劍橋大學的博士學位，她在野外進行研究的時間長達五十五年，現今被公認為首屈一指的黑猩猩專家。她在一九七七年成立珍古德教育及保育協會，得到來自全世界的肯定與讚譽，包括在二〇〇二年因為終身成就而被指派為聯合國和平大使。

珍的故事再次告訴我們，有時候拋開傳統的研究規範或預期結果，在探索未知事物時更能得到豐碩的成果。因為珍對黑猩猩的世界沒有任何先入為主的成見，所以她能看到其他科學家沒看到的東西，得到成就。成功之後她的膽子更大，不僅建立了獨門的研究方法，並且在這個過程中改變了世界。她冒著極大的風險前往非洲，在沒有相關訓練背景的情況下深入叢林，然後發表了和當時科學觀念背道而馳的研究發現。她展現了英勇無懼的精神，把冒險視為研究發展的必要部分。二〇一七年珍回到國家地理學會，我們齊聚一堂觀賞電影《珍》的首映，我帶著敬畏的心情看著她親切有禮地問候每一個賓客，她所散發出的啟迪人心的強大力量，以及她對研究領域、對這個世界的卓絕貢獻，都再次讓我深受感動。

＊＊＊

約納斯・沙克（Jonas Salk）是另一個甘冒大風險的例子。一九四七年，三十出頭的沙克當上匹茲堡大學病毒研究實驗室的主任，負責開發對抗小兒麻痺的新方法。小兒麻痺是脊髓灰質炎的俗稱，這種足以致命的病症每年造成五十萬人癱瘓、死亡。沙克的研究對我格外意義重大，因為我的叔叔在二十多歲時罹患了小兒麻痺，當時他正值青春，高壯英俊，打完第二次世界大戰後回到美國，正要開始築夢，卻因為小兒麻痺而癱瘓，餘生必須在輪椅上度過。

我叔叔得病的那個年代，科學家們相信疫苗必須含有「活性」病毒才有效果。沙克想要試驗「非活性（死菌）」疫苗，希望藉由這種方式讓接種疫苗的人產生抗體但是又不會染病。他對這種疫苗的安全性非常有信心，所以率先施打在自己和妻兒的身上。託了沙克的福，今日世界各地已經鮮少出現小兒麻痺的病例。沙克和醫學界的前輩詹納同樣致力於及早投入大量實驗，從而拯救了數以千萬計的生命。

好消息是，不是只有科學家才能在實驗室做實驗。由於科技進步，測試和驗證新點子的過程可以更有效率，打從一開始就縮限風險。用有限的資源快速檢驗某個計畫或產品的可行性，並不是什麼新的創舉，例如焦點團體常用來判定產品的吸引力，Beta測試更是行之有年。今日的不同之處在於，你可以先把產品概念放到市場上測試水溫，吸收意見，然後才真正開始生產產品，在某些例子中，甚至是公司或組織成立之前就可以先測試。這創造出新的平等，拓展更多機會。

艾瑞克・萊斯（Eric Ries）在他的著作《精實創業》（*The Lean Startup*）中把早期的產品原型設計分為三個步驟：「開發—評估—學習」（build, measure, learn），並且建議採用「最小可行產品」（minimum viable product，簡稱ＭＶＰ）的概念，也就是運用最低限度的時間和勞力去建立可行的產品、服務或點子。奉行這套策略的公司不會反覆測試產品直到完美，而是一旦有可行的新產品就立即推出，通常是先讓一小群忠實顧客試用，然後收集回饋意見，加以改善。

為了強調他的論點，萊斯引用了網路鞋店 Zappos 的故事。這家極為成功的網路鞋店創辦人尼克・斯威姆（Nick Swinmurn）剛開始想到要在網路上賣鞋子的時候，大家都說他瘋了，因為買鞋必須先試穿。可是斯威姆沒有被其他人影響，他跑去零售鞋店詢問能不能幫鞋拍照，放在網路上賣。接著他架設了一個單頁的網站，讓人可以在網站上訂鞋，一旦有人下訂，他就跑去把鞋子買下來寄給顧客。這種經營模式顯然無法持久，不過斯威姆撐了夠久，久到足以搞清楚困難點以及顧客的需求，然後他開設了 Zappos 這家公司。有很多類似的例子都是在設計產品的過程中導入改善措施，邀請顧客參與創新。如此一來，風險變成了研發過程的一部分，衍生出無限商機。

本章描述的故事和資訊提醒我們要改變心態，不要把冒險想成閉著眼睛縱身一跳，而是把冒險看成推動某個想法或方案的必要行動。現今的世界瞬息萬變，充滿各種需求，我們不再能夠呆站在原地不動，每個人都應該積極嘗試新事物，想出不同的方式去解決舊問題。在前進的路上，讓我們轉換心態，把冒險視為必要的研發過程，是通往偉大成就的必經之路。

我想問的一個問題是，我們何不鼓勵所有人把研發當成生活的一部分呢？不管是不是在追求大賭注，研發的精神都能幫助我們在遇到挫折的時候重新站起來，避免停滯不前。從這一章的故事可以清楚知道，研發並不需要大筆預算，或是實際去弄一個研究室。關鍵是願意付出時間和精力去做。你能不能想出一些你可以做到的測試，把你的夢想推進到下一個階段？

# 08 別人不做的我來做

我的終生學習歷程中一個非常重要的部分就是書，我在工作中運用了許多擷取自書中的智慧。幾年前我讀到一本書，內容和凱斯基金會的工作不謀而合，所以我們成立了一個共讀團體，然後利用下班時間，在美酒和起司的幫襯下聚在一起分享心得，討論可以怎麼樣把書裡教的應用在日後的工作中。那是一次脫胎換骨的經驗，至今依然讓人印象鮮明。那本書是史蒂芬．強森（Steven Johnson）所寫的《我們如何走到今天？》（*How We Got to Now*），他在書中破除了「創新來自某個天才得到靈感的時刻」這樣的迷思，這個迷思我們在前面也有提到過。強森寫道：「大創意源自眾多小突破的累積」。他以愛迪生的故事為佐證，我們一想到愛迪生，總是會聯想到「天才」，甚至常以愛迪生發明的燈泡來代表「靈感」。但是強森解釋，事情沒有那麼簡單，愛迪生根本不是第一個發明燈泡的人。在愛迪生之前半個多世紀已經有燈泡的專利，這項發明還有其他許多人的貢獻，只不過今日統統被我們歸功於愛迪生。愛迪生擅長的是快速統合，收集還在萌芽階段但已經測試過的點子，啟用新團隊從新的角度去整合。

強森認為，愛迪生厲害的地方不在於發明新技術，而是發明了一整套系統去做發明這件事。愛迪生本人很清楚，創新常常需要反覆開發改善，他公開承認自己借用了其他人的成果，並且說：「與其說我是個發明家，不如說我是一塊海綿才更正確。」有智慧的創業家都會同意這段話。如果你去觀察貝爾實驗室（Bell Labs）、全錄（Xerox）和近來其他一流創新實驗室採用的團隊作業體系，你會看到他們都應用了愛迪生的方法。

我個人對於去做別人罷手不做的事特別有感觸，或許是因為早年協助建立數位線上服務的工作經歷，這些公司讓我們很多人有了第一次上網的體驗。剛開始，我加入的是美國第一家純網路服務公司 The Source，提供以文字為主的資訊公用程式，像是早期版本的電子郵件及會議功能，以及涵蓋百科全書到股票報價的資訊內容。那個時候，這項服務的致命缺陷還沒有明顯浮現，這些缺陷大幅限制了發展的規模和大眾接受的程度。舉個例子來說，這些服務透過通信電纜傳送資訊的速度是三百鮑（baud）。三百鮑是什麼意思？意思是每秒傳輸三百個位元（bit）。相較之下，今日的資料傳輸率達到每秒一億位元，所以你可以想像三百鮑有多慢，慢到下載一首普通長度的歌曲需要四十個小時。不僅如此，網路服務還很貴，成為用戶要先繳一百美元（約合台幣三千元），然後每個小時的使用費從七到二十美元不等，視時段而定。

儘管如此，這個又貴又慢的服務背後的信念是十分強大的：讓大眾能夠取得資訊，互相溝通。正是這個信念（先撇開其缺陷不論）吸引了不少支持者。這類服務具有潛力能創造出公平競爭的環境，改變人們的生活、工作和遊樂模式。不過在此之前需要一些反覆改善的工夫。

後來我又經歷了另一家網路公司的洗禮（依然以失敗告終），然後加入了一個即將為這個世界注入新活力的新創公司，也就是美國線上。在史蒂夫・凱斯、馬克・塞里夫（Marc Seriff）和吉姆．基賽（Jim Kinsey）創始三人團隊的領導下，美國線上致力於承先啟後，接著做其他人罷手不做的事。史蒂夫後來成為美國線上的執行長，他厲害的地方是，能看出周遭其他新成立公司的不足之處，率領美國線上團隊在先前限制競爭對手成長的領域進行試驗，這些試驗包括親民的價格、美觀的圖形介面，並且引入「會員」機制鼓勵用戶參與和提供回饋意見，凝聚社群向心力。結果策略奏效，度過早期的掙扎階段以後，我們來到了轉折點，人潮開始湧入，而且是大量人潮。美國線上的巔峰時期有將近三千萬用戶，是第一家公開上市的網路公司。

講述美國線上的故事時，不能忽略的是前人的努力，先前推出的服務不論成敗，都使我們獲益良多。在史蒂夫明智的領導下，美國線上成為一塊優異的「海綿」，吸收市場信號，不斷改進推出更好的產品。美國線上導入了眾多讓人眼睛為之一亮的創新，但是同時也從史蒂芬．強森所說的「小小突破的累積」中得到強大的力量。

後來崛起的臉書（Facebook）、谷歌（Google）和推特全都受益於美國線上導入的創新產品，這三家公司的創辦人都曾經提到早年受美國線上的影響，例如馬克．祖克柏（Mark Zuckerberg）高中時「駭」過美國線上的即時通訊軟體。這些公司代表了美國線上帶給這世界的一小部分東西，臉書有點像是新一代的美國線上「會員頁面」，推特類似美國線上的即時通訊功能，谷歌則是從美國線上早期的內容搜尋引擎向前飛躍了一大步。追求創新的人可以觀察前人的失敗之處，充分記取教訓，然後越過障礙或是投下大賭注。

勇敢去做的行動具有催化的力量，其他人受到鼓舞之後，效果不斷增強加倍。穆罕默德．尤努斯（Muhammad Yunus）首創並推動微型貸款而得到諾貝爾和平獎，潔西卡．傑克里（Jessica Jackely）因為聽到他的演講而深受感動，尤努斯在演講中描繪了微型貸款的力量，說明這能夠如何幫助全球聰明又努力的創業家——這些人只不過是剛好沒有錢而已。當時年紀尚輕的潔西卡迫不及待想要用自己的點子去發揚光大這個想法，她辭掉工作跑到非洲創立了 Kiva。一開始的資源不多，只有一台數位相機和一個網站，但是潔西卡和共同創辦人麥特．夫蘭納瑞（Matt Flannery）一步一腳印，幫需要小額借款的人拍照、寫故事，傳回美國向親友募款。第一年結算時，Kiva 借出了五十萬美元的小額貸款（約合台幣一千五百萬元）。之後十多年，儘管有起有落，到現在已有來自八十三國超過兩百五十萬人向 Kiva 貸款，貸出金額超過十億美元（約合台幣三百億元）。Kiva 採用群眾募資的形式，每個人只需要借出少少的二十五美元（約合台幣七百五十元），也就是一筆貸款可能有多個出資人。請記住這筆錢並不是捐款，而是貸款，而且還款率高達百分之九十七。出資人可以看到自己的小小貢獻在全世界遍地開花——像是印度的童婚新娘借了五百七十美元（約合台幣一萬七千元）開設布店，雇用了兩個人加自己的丈夫當員工；或是約旦河西岸一家生意興隆的山羊牧場，是由六十九個人合資借出了兩千美元（約合台幣六萬元）。

我最欽佩的是潔西卡無懼的精神，不會因為欠缺知識或資源而退縮。起初她只知道自己可以做一件事：拍照說故事。但是隨著時間過去，她做到了大型慈善機構的規模，在全球留下足跡，而且靠的不是善心施捨，而是給予機會。那些申請微型創業貸款的人本身就是「從腳下做起」的模範，所造成的影響遠遠超過他們成立的小型事業，他們讓社群中的其他人看到什麼是可能的。

微型企業不只在低度開發國家創造機會，很多人注意到美國境內也受到了正面的衝擊，一方面能提供額外的收入助人脫貧，另一方面也為資源不足的社區帶入有價值的產品和服務，協助沒落的主街商圈復興。從亞特蘭大的禮品包裝商店「包得妙」（That's a Wrap!）到田納西的外燴公司「羅烤肉」（BBQ Rowe），到底特律的精品店「媽媽庫」（Mama Coo's），人人都能實現美國創業夢，只要你有膽量，有想法，還有來自願意提供小額貸款的人的一點點幫助。

＊＊＊

我老公史蒂夫天性喜歡持續嘗試新事物，現在他正在忙一個叫做「地方振興」（Rise of the Rest）的計畫，資助全美各地的創業家。他搭乘巴士在美國東西兩岸之間來回跑，造訪那些常被投資者忽略但其實孕育出《財星》五百大多數企業的地方，並且帶著媒體和投資人在這些城鎮停留一個星期，挖掘當地的人才、創新點子和商機。

我想，在某種程度上，史蒂夫是在復刻當年美國線上的經驗，為了實現「讓美國上線」的夢想，我們全國走透透尋找有遠見願意「參一腳」的人。史蒂夫在他到訪的每一個城市尋找想要投下大賭注、願意冒險的人，然後幫助新公司成長茁壯。這些人和你我沒什麼不同，他們決定時機已到，要無懼向前。美國核心區的城鎮開始環繞著有新點子的創業家發展，投資人也開始睜大眼睛，發現美國各地散布著優秀的人才和值得投資的新事業。

不管什麼地方都需要創新，創新不只發生在都市中心，也發生在鄉村鄰里。以賈斯汀．克諾夫（Justin Knopf）這個第五代的年輕農夫為例，他正在呼籲農夫們摒棄已延續數百年的一些慣行農業智慧，希望藉此保育地球最珍貴的資源之一：土壤。根據米莉安．霍恩（Miriam Horn）在《農牧漁保育先鋒》（*Rancher, Farmer, Fisherman*）中的描述，賈斯汀對家族農場有深厚的感情，他的祖先來到堪薩斯開墾農田，在同一塊農地耕種到現在已有一百六十年。一九三〇年代橫掃堪薩斯農田的黑色風暴（Dust Bowl）巨型沙塵暴吹走了數十億噸的表土，在克諾夫家族的記憶中留下深刻的烙印。

一般人可能不清楚，不過今日土壤侵蝕問題依舊是農夫的一大挑戰，嚴重威脅到地球的未來。地球有超過三分之一的生物生活在土壤中，這些生物支持植物進行光合作用，讓我們得到無比珍貴的食物和氧氣。土壤層受到干擾會導致碳釋放至大氣中，造成危害。

賈斯汀小時候對科學沒有太大興趣，不過他參與農活的經驗讓他了解到酷旱、暴風雨和高溫造成的衝擊。賈斯汀十四歲時爸爸給了一塊地讓他負責，他親上火線體驗到農人與自然之間的鬥爭：土壤流失、雜草不受控制亂長、作物歉收。

可是賈斯汀對這塊土地的熱愛從未動搖。高中畢業後，他進了堪薩斯州立大學，在一位教授那兒接觸到全新的觀念：土壤微生物保育。這位教授鼓勵學生改變農耕方式，專注於保護土壤。差不多在同一時間，賈斯汀聽說，在他大學友人的家鄉附近有個農夫採用避免水土流失的農耕法，因而被挑起了興趣。於是賈斯汀和朋友把行李堆上廂型車，從堪薩斯州開到內布拉斯加州，在那兒得到了賈斯汀後來形容為「豁然開悟」的體驗。他們在內布拉斯加看到的技法叫做「不整地耕作」（no tilling），使用機器實現免耕種植，盡量減少打擾土壤中豐富多樣的微生物。不整地農耕法還包括作物輪種，以提高土壤肥力並限制蟲害。

賈斯汀簡直不敢相信眼前所見，他很興奮地把這些新技術分享給父親和哥哥，並且計畫在少部分田地開始試驗新方法。他們同意先從一小塊五公頃多的地開始試行，根據結果再決定要不要擴大規模。短短幾年內，採用新耕種法的田地產量已增加到三倍，於是克諾夫家一千八百公頃的田地紛紛改用免耕農法。

這些早年的經驗讓賈斯汀成為推廣免耕法的領袖，傳授知識幫助其他人學習永續耕種法，保育土壤的同時又能增加產量。他對保育地球寶貴資源的熱情把他帶到了華府，為政策提供建言，也使他成為今日持續擴張的免耕運動公開擁護者。

賈斯汀的故事提醒我們：新思維永遠有發展的空間，即使在一些最傳統的產業也是如此。故事中也提到了在實行新點子時要審慎進行的重要性，而非魯莽地孤注一擲冒險。賈斯汀期望開創一個農業新時代，滿足世界愈來愈多人口的需求。

你可能會很訝異地發現，大膽的舉措往往源自切身的問題。發明電話的貝爾

（Alexander Graham Bell）就是一個例子（順帶一提，他在國家地理學會成立不久後擔任過總裁）。貝爾的母親在他十二歲時喪失聽力，所以貝爾年輕時花了很多時間尋找不同的方法和母親溝通。他之所以關注聲學技術和通訊，起因於個人的困境，後來他把熱情轉向幫助聽障者，成為波士頓知名的啟聰教師，同時持續致力於能協助聽障者溝通的發明創造。很多人認為他和瑪貝爾．哈伯德（Mabel Hubbard）的婚姻更加深了他和這個領域千絲萬縷的牽連，奠定了他投入商業活動的基礎。瑪貝爾是貝爾的學生，五歲時失去了聽力。講到改變世界，幾乎沒什麼發明能和貝爾的電話相提並論，但是講述貝爾的故事時常被遺忘的一點是，這一切源自於貝爾試圖解決的一個問題。

# 09 不做會後悔

一九八〇年代我在奇異公司擔任行銷經理時，我認為我的事業前途看好。奇異公司的管理人才發展訓練世界聞名，而我很幸運被選中——這通常意謂著光明的未來。然後我接到了一通電話，一家籌備中的新創公司想拉我去當行銷主管。我在奇異負責的產品是一項早期網路服務，叫做奇靈網（GEnie）。我之所以會加入奇異公司，就是因為相信，憑著奇異這個備受推崇的品牌力量和龐大預算，能夠讓更多人上網，奇靈網將成為市場霸主。然而，等到走馬上任以後，我開始發現事情和我想的不一樣。奇異公司在其他市場的領導地位限制了這家公司承擔風險的胃口，不願意在這個新興的領域冒進。說好的高額行銷預算也有意料之外的限制，因為既有的產品和服務是根據其營收來決定預算，而奇靈網是新產品，所以整個部門靠的是「將來會賺錢」的信念在支撐投資。光憑信念，在大老闆面前說話可大聲不起來，上頭要的是實在的結果，而不是空中樓閣畫大餅。

忽然之間，跳槽去剛募集到新一輪資金的新創公司變成一個不錯的主意，似乎更有機會實現我連結世界的夢想。可是親朋好友的反應讓我嚇了一跳，他們質問我：「辭掉奇異的工作？妳瘋了嗎？」有時候甚至會很激動：「這家新公司能不能活下來根本就說不準。妳幹嘛冒這麼大的險？」我開始懷疑自己。讓我下定決心跳下去的原因，是因為我想到「不冒險的風險」。這家新創公司就是後來的美國線上，我協助建立了開創網路新紀元的服務，改變了無數的生命。

回顧往事，只能說這段經歷千金不換。但是在最初期的階段，我們努力招募更多人才的時候，遇到一些不願意冒險的人，他們不願意拿手中的好牌去換取抽到王牌的可能性。那些錯過機會搭上我們這艘火箭升空的人，直到今天還常常跟我說他們有多後悔。

冒險的價值不只是商業計算的結果，更是人生的計算。以教養為例，冒險的精神是一種必要能力，愈來愈多研究證實，允許孩子冒險是健全發展的一個重要過程。我自己的孩子還小的時候，這件事讓我掙扎不已，身為母親的本能是保護孩子，並不是每次都能安心讓孩子去冒險。諷刺的地方是，我很清楚自己小時候正是因為被允許去冒險，所以能夠培養出挫折恢復力和獨立性。有時候，我需要借助他人的力量，像是伴侶、朋友或其他親人的不同意見，才能找到適當的平衡。去了解相關主題的重要研究，也有助於讓父母更有勇氣接受孩子在生活中合理冒險。《今日心理學》（*Psychology Today*）刊載了彼得．格雷（Peter Gray）教授的文章〈冒險遊戲：孩子熱愛的必要活動〉，其中提到：「我們剝奪孩子自由冒險的玩耍機會，表面上是保護孩子，但實際上是把孩子推向精神崩潰的邊緣。孩子天生需要透過能夠引發情緒的冒險遊戲來學習情緒適應能力。從長遠來看，不許孩子冒風險玩耍不僅剝奪了他們的樂趣，還對他們有害。」

***

人很容易陷入保持現況的迴圈，或者是想要留在舒適圈，而不願意去追尋不同的道路。然而如同喬許・林克納（Josh Linkner）在《破壞式創新》（*The Road to Reinvention*）中所言：「結果是，打安全牌變成魯莽的危險之舉。」

> 結果是，打安全牌變成魯莽的危險之舉。
>
> ——喬許・林克納

柯達（Kodak）的故事可以讓我們引以為戒。一八八八年喬治・伊士曼（George Eastman）創立柯達公司，當時用相機拍照還是很新鮮的事，伊士曼看準機會普及這項藝術，讓攝影從專業攝影棚走入一般家庭。一九〇〇年，柯達為業餘愛好者推出輕量好用的「布朗尼」（Brownie）相機，只賣一美元。柯達賴以賺錢的是相機使用的底片，當時售價是十五美分，人們不斷購買底片，柯達就有錢繼續成長、創新。到後來柯達成了攝影的同義詞，「柯達時刻」也成了「值得拍照留念的時刻」之意。

然後到了一九七〇年代，柯達的工程師史蒂芬・沙森（Steve Sasson）和公司的總技師吉姆・舒克勒（Jim Schueckler）開發了一種新技術，不用底片就能直接把拍攝的影像播放到螢幕上。在一家賣底片維生的公司裡進行這種實驗，本身就是無懼的舉動。柯達的底片銷售額達數十億美元，市占率高至七成。這樣一家公司有沒有可能冒著自挖牆腳的風險，全力投入一個可能侵蝕其核心事業的新競爭場域？最後柯達無法轉型，因為它一心保護底片事業這個金雞母，所以在數位影像的革命中腳步落後，缺乏適當的投資，以至於門戶大開，讓競爭者有可趁之機。競爭者當然不會放過這個機會，日本的富士底片公司（Fujifilm）靠著更低廉的價格，吞食了柯達在傳統底片的市占率。另一方面，數位市場蓬勃發展，到二〇〇三年，數位相機的銷售數量超過了底片相機，柯達的產品線面臨斷層。二〇一二年，柯達申請破產保護。在十九世紀把攝影平民化的同一家公司，因為拒絕冒險而錯失了躍入二十一世紀的浪潮。

與柯達相反的一個例子是網飛（Netflix），這家公司經歷了數次演進，徹底改變其商業模式以維持走在趨勢最前端。共同創辦人里德・哈斯廷斯（Reed Hastings）和馬克・倫道夫（Marc Randolph）一開始的構想很簡單：成立一間方便顧客的影片出租公司，把電影寄送到家。哈斯廷斯曾經因為弄丟了租來的《阿波羅十三》電影卡帶而必須賠償四十美元（約合台幣一千二百元），這個痛心的經驗讓他想到了新點子：採用月租費的方式，顧客看完片子歸還以後才能借新的一批影片。網飛善於吸收經驗，懂得觀察市場上其他產品的短處，因而創造出優質的消費者體驗。便利，做到了。快速寄送，做到了。價格低廉，做到了。容易歸還，做到了。不收逾期罰金，做到了。大量片源，做到了。網飛太成功了，以致於消滅了實體的影片出租店，百視達（Blockbuster）等大公司節節敗退。

但是網飛團隊並沒有因此而自滿不求進取，又建立了新的影音串流服務，一方面是為了抵禦競爭對手，一方面維持在影片供應業的領導地位。轉型的過程並不如哈斯廷斯期待的那樣平順，一度還因為價格調整導致原本的ＤＶＤ顧客流失，哈斯廷斯公開道歉鬧得沸沸揚揚。不過網飛透過大膽跨足串流服務從而持續創新，拒絕走平穩的路。到了二〇一三年，網飛的顧客比以往任何時刻還要更多，這次冒險的大轉彎得到了回報。

網飛原本可以繼續走這條成功的串流服務之路，但卻決定再來個大跳躍，跳到開發原創內容節目。這個舉動被很多人認為是瘋了，末日預言再次四起。區區一家串流服務公司要怎麼和 Showtime、HBO這些電視聯播網競爭？關鍵是高品質的節目，從《紙牌屋》（*House of Cards*）和《勁爆女子監獄》（*Orange Is the New Black*）開始，網飛已成為優質原創電影和電視的代名詞，表現優異到其他公司如亞馬遜都跟著有樣學樣。等到原創節目市場飽和或不再有優勢，毫無疑問里德・哈斯廷斯將會再次來個大轉彎。

我又想到另一個大轉彎的經典範例。在不是很久遠的從前，有個叫做 Odeo 的播客（podcasting）平台問世，由於過往成績和商業計畫做得很好，所以成功募得了初期資金。然而就在他們開始鞏固客群的階段，蘋果公司宣布把播客功能納入根基穩固的 iTunes 平台，等於宣判 Odeo 出局。

Odeo在執行長伊凡・威廉斯（Evan Williams）的領導下，幾乎是一夜之間想破了頭要殺開一條出路。為了因應困境，在員工挑戰賽中後來成為傳奇的三個人：傑克・多西（Jack Dorsey）、比茲・史東（Biz Stone）和諾亞・葛萊斯（Noah Glass）想出了「微網誌」的概念，也就是發送一百四十個字元內的簡短更新內容給朋友或「追蹤者」。Odeo重新定義其使命為：讓每個人有能力創造並且立即分享想法與資訊。這一次迅速應變的大轉彎創造了今日我們所知的推特公司。

至於那些不肯冒險的人有什麼下場呢？索尼影業（Sony Pictures）將會繼續為一九九八年的失策痛惜不已，竟然沒有買下漫威（Marvel）的全系列超級英雄電影版權。當時漫威是一家岌岌可危的漫畫工作室，索尼想要買下蜘蛛人的版權，漫威提出用兩千五百萬美元（約合台幣七億五千萬元）出售所有未授權的英雄角色，包括鋼鐵人、雷神索爾和黑豹，但是被索尼拒絕了。索尼只想要蜘蛛人，不願意冒險收購其他邊緣的角色。最後蜘蛛人的版權以一千萬美元（約合台幣三億元）加百分之五的票房毛利成交。

這場交易讓漫威走上一條意想不到的路，成為了成功的電影工作室，而且成績好到迪士尼在二〇〇九年用超過四十億美元的天價（約合台幣一千二百億元）收購漫威。原因是漫威懂得「青菜蘿蔔各有所好」的道理，每個不同的角色都有人愛，這是索尼無法理解也不願意去承擔的風險。漫威的賣座巨片《黑豹》（*Black Panther*）不僅為公司賺進大把鈔票，演員幾乎全都是黑人更形成了一種文化現象。《黑豹》上映一個月內就在全球賺進了十億美元（約合台幣三百億元），現已成為美國影史排名第三賣座的電影。

威漫戲劇性發展的背後有個重要推手——迪士尼公司。迪士尼很聰明地在威漫剛起步時買下了這家公司，而為了維持走在時代前端，過去十年在執行長巴布・艾格（Bob Iger）的領導下，迪士尼本身也經歷了徹底再造。艾格面對來自各方面的威脅（串流服務的興起只是其中之一），他選擇把眼光放在未來而非過去。由華特・迪士尼（Walt Disney）創建並發揚光大的「迪士尼品牌」已成為象徵性的存在，但艾格認為，迪士尼必須跟上瞬息萬變的市場腳步。感情用事會導致故步自封，思想狹隘，艾格絕不允許這種情況發生在迪士尼。

想要在這個破壞式創新的世界成功，絕對不能站著不動。

——巴布・艾格

不單是企業組織，其實個人也常常不願意拿握在手上的東西去冒險。很多突破性進展是出自絕望的情境，因為能夠失去的東西不多，所以才敢冒險。累積的成就愈多，往往愈不肯鋌而走險。

話雖如此，當然每個人和每個組織願意嘗試新事物的程度不一，所以很重要的一點是，衡量自己的風險承受度。史冊斑斑可考，滿是失敗而被今人遺忘的點子和壯志未酬的公司企業。每一家「美國線上」都是踏著前人的屍體前進，The Source 和奇靈網就是兩個出師未捷身先死的例子。了解自己的風險容忍度以後，就可以開始規劃是要照著現況走、加以限制，還是要力求擴張。先從了解自己開始，然後就能找到勇氣。

很多人的人生中，最後悔的不是那些做過的事，而是沒做的事。你是不是有什麼心願或大賭注在對你殷殷呼喚，可是你一直告訴自己：「不可能做到」？本章的故事讓我們看到把握時機的重要，看到選擇安穩的路最後卻後悔，看到無視於投入變革的呼喚帶來的苦果。如果你正在考慮踏出舒適圈，嘗試用新方法推動你的大賭注，一定要記得寫下不冒險的缺點，用來自我提醒。

# 10 去吧，找到你的「勇氣圈」

現實是：待在舒適圈裡不可能有偉大的成就，不管是在私生活或工作中都是如此。在「勇氣圈」比較可能見到真正勁爆的事情發生。你可能會審慎冒險，一直實驗到找出正確的路。不論過程如何，明知結果無法預測依然抱著實驗精神去做，本身就是極具勇氣的舉動。

瑪吉・沃雷爾（Margie Warrell）在《別打安全牌》（*Stop Playing Safe*）一書中談到「化恐懼為勇氣」的概念，說這個過程的第一步就是問自己一個最基本的問題：為什麼？更確切地說，大膽行動的勇氣來自於對自我的深切認識，知道自己重視什麼。沃雷爾指出世界各地的研究顯示，全球高達一半的工作者不認為自己的工作有什麼重要。如果你追求的東西不是你所重視的，就不可能有偉大的成就。

在這個重視目標的世界，人們很容易把「進入舒適圈」當作成功，許多人光是為了在選定的工作跑道上站穩腳步，就已焦頭爛額。在艱困的時期，只求煩惱消失就謝天謝地了；但如果你想要大膽改變世界，就必須不斷向前。

正是這種持續的追尋讓你出人頭地。但這並不意謂著你必須看到懸崖就往下跳。先從仔細觀察做起，當你看到勇敢的舉動就記錄下來，然後規定自己每天做幾件勇敢的小事。當你做到本來以為做不到的一件小事，就會更有信心去做下一件事。

我們周遭時時刻刻都有實驗在進行中，但是在現今這個步調快速的世界中，我們無法動不動花上三十年等待實驗做出結果，等到完成嚴謹的雙盲試驗。我們無法等待萬事俱備，而是必須在一個實驗快結束的時候，就要開始思考下一個實驗。如果認為某一種做法有效，就要開始往前看，想一想可能的變數會如何影響結果，或是如何提供更棒的解決方案。正是這種思維讓成功的公司如蘋果維持領先地位，不夠靈活的公司則落後，尤其比較大型的公司常有此問題。全世界最可怕的事情莫過於，走到一半才要改變營運計畫或是人生計畫，但試問誰寧願成為百視達而不是網飛？

你必須做你認為自己做不到的事。

——愛蓮娜・羅斯福（Eleanor Roosevelt），前美國第一夫人

話說回來，大膽不等於魯莽。像 Zappos 這些公司是很好的學習對象，一次勇敢踏出一步，穩穩地前進。反覆改善是必要的功夫。進步往往來自於向其他人借鏡，在前人的基礎上追求完善，投入更大、更好的賭注。

面對亟需解決的問題時，不論是開創新事業、新產品新的社會企業，先別急著動手，記得先研究一下為了解決這個問題曾經有誰做過什麼事。去了解已有的進展能夠節省你寶貴的時間和金錢。成功的經驗要看，失敗的經驗也要看。別忘了，偉大的成就不需要天才，只要當好一塊海綿，好好吸收經驗。

說實話，我這輩子幾乎沒喜歡過冒險。無懼的精神依然是我奮鬥的目標。但我能做到的是要求自己面對恐懼，踏出嘗試的步伐。我相信你也能做到。

## 原則三：

# 讓失敗有意義

# 11 跌得愈深，學得愈多

每次談到自己的失敗，我的心臟總是會漏跳個一、兩拍。這可不是什麼誇大修辭，而是真實的感受。人很容易陷入自責、自我懷疑，甚至絕望的情緒，每個人的人生旅程一定曾經有過這些感受，毫無例外！但是接下來你做了什麼，才是真正最重要的，這決定了失敗的經驗能帶給我們什麼東西。不是所有失敗都能扭轉為圓滿的結局，但是絕大多數的美好結局都有失敗的情節。

隨便找一個有卓越成就的人，看看他的人生經歷，總能在某處找到失敗的經驗。有時候你得很仔細去找，因為人在講到以前的故事時，常常有意無意地美化記憶，聽起來好像一帆風順似的。但是如果我們拒絕坦承失敗，就會害到其他人，尤其是年輕人。我去大學演講的時候，總是會刻意介紹我的「失敗履歷」，講述我的事業生涯中踢到石頭的經歷，包括一些撞到頭破血流的慘敗。通常我會在主持人把我捧上天的介紹以後來個大逆轉，開始數說我的失敗。一開始聽眾臉上是不相信的表情，然而隨著我繼續往下說，我開始看見這些大學生的臉上出現另一種情緒——鬆了一口氣的情緒，因為他們領悟到人可以在失敗中前進，在跌倒之後爬得更高，走得更遠，就像我很愛引用的那句日本諺語：「跌倒七次，爬起來八次」。

> 唯有敢經歷重大挫敗的人，才能成就大事。
>
> ——羅伯特・甘迺迪

人人都曾經在私生活中遇過失敗，不論是在婚姻、戀愛或社交情境中，或是做出讓別人失望的事。我可以肯定地說，我有過這些痛苦的經驗。另一方面，工作中的失敗往往牽連到更多人，這是我的經驗之談。當我面對職業生涯中數一數二的一次大失敗時，我知道我必須做出選擇：我可以把這件事掃到地毯底下藏起來，粉飾太平，或者我可以坦白交代。

我在講的是「遊戲幫浦」（PlayPumps）。這個計畫是凱斯基金會規模最大也最令人興奮的計畫之一，目標是為撒哈拉沙漠以南的十個國家數百個村莊提供乾淨的飲用水。我們對這項技術充滿期待，利用兒童喜愛的旋轉遊具產生動力來汲水，原理和風車一樣。我們知道人們需要乾淨的水，而小孩子喜歡玩旋轉遊具，這看起來是一個能創造雙贏的技術。

我們接觸到這項技術並了解其部署營運的模式以後，深信這項技術有極大的潛力，於是跳進來成立了PlayPump International這個非營利的募款及行銷組織。我們在二〇〇六年的「柯林頓全球行動計畫」（Clinton Global Initiative）大會上，大張旗鼓宣告啟動這項計畫，我的身邊一側是第一夫人蘿拉·布希（Laura Bush），另一側是前總統柯林頓（Bill Clintion），同台的還有外子史蒂夫以及我們的慈善家夥伴雷·錢伯斯（Ray Chambers，現為聯合國祕書長指派的衛生特使）。

計畫初期頗為轟動，吸引了不少夥伴加入。頭幾年有一些小波折，但我們與當地夥伴合作，耐心把事情做好，對計畫的進展感到樂觀。

然而一年又一年過去，問題持續浮現，我們開始體認到，這個計畫無法達到必要的高標準。我們的團隊花了一年試圖解決村民回報的一些問題，希望能把這個計畫帶回正軌，結果卻發現，我們無法保證實際實施的規模和品質。我們必須做出困難的抉擇，選項有三個：一是堅持原路，儘管愈來愈多證據顯示這是一條死胡同；二是連根拔起，把錢和時間投資到別的地方；三是退後一步，重整以後換個更有效的新方法去執行。我們決定第三條是正確的路，畢竟「乾淨的水是值得付出時間的偉大理想」這個信念並未改變。可是我們必須承認可能有更好的方式去實現這個理想。二〇〇九年五月，凱斯的董事會做出無懼的決定：換條路走。

我還記得坐在董事會的會議桌前討論如何宣布這個決定的情況。凱斯基金會用的是玻璃隔間，每個人只要探頭一望就能看到我們的困窘。這是一場酷刑，因為非營利事業不喜歡談論失敗。我們習慣悄悄地討論退出，希望避免引起大眾注意，以免被人用放大鏡檢視。但是到最後我們知道必須承認出錯，我們追求的良機變成了無法超越的挑戰。我們希望透過承認缺失來分享教訓，這樣不管是我們自己或其他人才有機會去嘗試更好的新方法。

我帶著快要跳出喉嚨的一顆心決定用最公開的方式宣告失敗，把這件事寫下來。當我寫完這篇標題取為「功虧一簣的痛苦告白」的文章時，因為意識到這是多麼重大的一步而害怕得不得了：我要向全宇宙宣布「我們失敗了」！

當我坐在那兒怕到不敢按下「送出」鍵時，怎麼也想不到的是，這篇文章出現在網路上以後我會收到來自各方人士的道謝，透過電子郵件和電話謝謝我用這麼公開的方式承認失敗，讓大眾看到要把真正棘手的問題做到好有多麼困難。回想當時的決定，我發現儘管誠實公開是一件困難的事，做出決定的那一刻正是我們無懼之旅的開端。後來，從某些人的回應衍生出一個新提案：創立「安全桌」機制，讓參與的夥伴聚在一起講述自己的失敗經驗，共同分享學習。這個點子發芽生根，一些早期的聚會後來變成更大型的集會，在這些「失敗慶典」中，我們大方承認，在創新和解決重大問題的路上不可能永遠順利。這類集會代表著我們承諾要讓失敗有意義，讓其他人從我們的錯誤中學習。

我們還改變了凱斯基金會評估工作成果的方式，制定一套「紅綠燈評量表」：綠燈代表順暢通行，黃燈表示需要修正，紅燈代表可能失敗。意外的是，在一次年度考核中，我們眾多的計畫沒有出現任何一個紅燈，這讓我很擔心。我找來團隊成員開誠布公討論，向他們指出至少要看到幾個紅燈，否則就是不夠大膽。

我們這些在凱斯基金會工作的人和任何人一樣不喜歡失敗，但我們知道，為了追求非凡的成果，就必須冒非凡的險。只要做好份內的事，就算沒有達到目標也不會因此而被開除或減薪。相反的，我們獎勵那些願意走得更高更遠的人，他們願意去冒險，去投下大賭注，去締結看似不可能的夥伴。

有時候，走出失敗意謂著幫助其他人在我們自己失敗的地方取得勝利。凱斯基金會停止支持遊戲幫浦計畫以後，改為與「人民之水」（Water For People）建立合作關係，並且把遊戲幫浦納入一系列可供非洲鄉村選擇的解決方案之中。這正是慈善事業專家露西・伯恩霍爾茲（Lucy Bernholz）所描述的「在失敗中前進」（fail forward）。

由於社會機構的工作時常直接對人產生影響，而且非營利組織在很大程度上仰賴捐贈者支持，因此對犯錯的容忍度比較低，導致許多組織傾向規避風險，甚至隱瞞錯誤。但是如果非營利組織不誠實公開失敗，等於剝奪其他人學習必要教訓的機會。

讓失敗有意義在私營企業中同樣重要。看看今日任何一家大公司，十之八九在通往成功的路上有過低潮期，需要換個腦袋思考，做出重大的路徑修正。本書前面介紹過阿斯特羅・泰勒領導的X計畫，阿斯特羅不僅是對失敗處之泰然，他和整個實驗室根本是在追求失敗。X的工作人員被期待要失敗，他們透過失敗來弄清楚什麼是可行的、什麼是不可行的。阿斯特羅在TED演講中這樣說：「登月工廠是個混亂的地方。但我們沒有避開混亂，或假裝視而不見，而是試著把混亂轉變成優勢。我們大部分時間花在搞壞東西，試圖證明我們是錯的。就是這樣，這就是我要說的祕密。往問題最難的部分一頭撞上去。興奮歡呼：『嘿！今天要怎麼樣砍掉我們的專案呢？』」這場振奮人心的演講標題是為失敗喝采帶來的意外驚喜。

阿斯特羅不是在開玩笑逗觀眾開心。他說：「在X，我們努力讓失敗是一件安全的事。一旦證據攤在眼前，團隊立刻砍掉計畫，因為他們會因此得到獎賞。他們從同事那兒得到掌聲。從他們的經理，特別是我這邊，獲得擁抱、擊掌。他們會因此得到升遷。結束專案的團隊每一個人還可以拿到分紅，小至二人，大到超過三十人的團隊都有。在登月工廠，我們相信夢想。但是積極的懷疑態度並不妨害無窮盡的樂觀，反而是樂觀的最佳夥伴。」怪不得阿斯特羅會被封為「現代失敗之父」。

話說回來，阿斯特羅也是跟著從古至今偉大發明家的腳步。創建IBM的大托馬斯・華生（Thomas J. Watson Sr.）曾經說過：「想要成功，先把失敗的比例提高到兩倍。」很好的建議，而且他可不是光說不練。後來率領IBM度過最艱困的轉型期進入電腦時代的路易斯・葛斯納（Louis V. Gerstner Jr.）在其著作《誰說大象不會跳舞》（*Who Says Elephants Can't Dance*）中敘述了一個關於華生的故事：三〇年代的經濟大蕭條過去之後，華生預期辦公用機器的需求將會復甦，因此提高了IBM的庫存。他把希望寄託在一個百萬美元的政府標案——這在當時是很大一筆錢。結果業務員沒拿下這個案子，負責的業務羞愧地出現在華生的辦公室，把辭呈遞給他。華生問：「發生什麼事了？」於是這個業務詳盡說明了交易的經過，指出哪些地方犯了錯以及可以怎麼改進。說完以後，華生把辭呈還給他，告訴他：「既然我剛花了一百萬美元教育你，我有什麼理由接受你的辭呈呢？」

一百多年來，IBM一直是無懼的楷模。在華生的領導下，IBM在一九三五年（！）就提供女性平等薪資，在一九五六年表態反對美國南部各州的種族隔離制度，是首批表態的公司之一，同時也是第一批把性別教育納入反歧視政策的公司。IBM始終堅持社會責任與創新的腳步，充分體現了其長期領導人的精神，今日吉妮・羅梅蒂（Ginni Rometty）延續傳統，出任IBM首位女性董事長、總裁暨執行長。

＊＊＊

梅格・惠特曼（Meg Whitman）是唯一一位統領過兩家美國大企業的女性，她也曾經公開承認失敗並從中學習，展現無懼的精神。一九九八年出任 eBay 執行長時，梅格眼前有兩條路可選，一是投資升級現有網站，二是投資於新興的日本網路市場。她選擇了投資網站。後來她在CNBC（全國廣播公司商業頻道）的訪談中表示：「錯過 eBay Japan 的商機是我在 eBay 最大的失敗之一。」那個時候 eBay 是剛成立不久的新創公司，營收僅五百萬美元（約合台幣一億五千萬元），正在努力擴張規模。雖然日本的失誤讓 eBay 失去搶占這個重要市場的先機，但是梅格持續領導公司成長至營業額超過八十億美元（約合台幣二千四百億元），營運擴張至全球三十多國。

離開 eBay 以後，梅格在二〇一〇年參選加州州長落選，之後她被任命為惠普（HP）公司執行長，並把競選失敗的經驗帶入新職場。她對CNBC說：「我傾盡全力競選，但是結果不盡人意。從這次經驗我學到很多東西，我認為這使我成為一個更強而有力的主管，也成為一個更堅強的人。」

我們每個人必須問自己的一個問題是：面對失敗，我們願不願意再試一次。或許你從來沒有失敗過，所以覺得這個問題與你無關。但是相信我，總有一天你會遇到失敗。我希望你遇到失敗。最好是重重跌倒，跌倒了再爬起來前進，讓失敗有意義，然後做出一番轟轟烈烈的事。

問我喜不喜歡失敗？我討厭死了。我要強調的重點不是美化失敗，也不是拿失敗當藉口，而是承認「成功常跟隨在失敗之後」的事實。所以萬一你遇到失敗，記得從中學習教訓，然後用克服失敗的經驗激勵自己，走向成功。失敗之所以能變成一件好事，完全要看你怎麼去面對失敗。

# 12 追隨偉人的腳步失敗

「失敗是成功的必經過程。」這句話據說是愛因斯坦說的。但是很多人還是難以接受失敗，無法相信失敗除了帶來損失和困窘以外還有什麼意義。我懂。我們都被成功的期待給洗腦，以至於犯錯失誤感覺像是毀天滅地的大事。一旦出錯，每個人第一個想到的就是：該怪誰？我相信，在二〇一八年一月誤按核彈警報的那個夏威夷緊急事務管理局員工，絕不會把這件事寫在履歷表上，但他的失誤讓這個可能拯救人命的系統得到了改善。

最受崇拜的偉人當中，有很多人的成功是建立在失敗之上，正是因為失敗才激發了大逆轉。歐普拉年輕時在巴爾的摩WJZ-TV電視台擔任本地新聞主播，觀眾對她並沒有好感，她常聽到有人問：「歐普拉是什麼東西？」她的搭檔痛恨和她一起主播，短短七個半月後，電視台就把她從主播台撤換下來。這是非常公開的失敗經驗，很難從中恢復，歐普拉還記得當時挫折羞辱的感覺。但是之後，電視台又把她安插至一個叫做《熱門話題》（*People Are Talking*）的脫口秀節目，讓她挖掘出自己原本不知道的一項天賦。歐普拉的人格特質和人性溫暖在談話節目中大放異彩，今日她名列全球最成功的企業家，她表示，自己能有這樣的成就是因為忠於自我。二〇一三年歐普拉在哈佛大學畢業典禮演講時告訴學生們：「失敗只是人生試著讓我們轉個方向。好，當你陷入谷底時，看起來確實像失敗……當你陷入谷底、當你遭遇那個時刻時，讓自己難過一會兒無妨，給自己一點時間悼念你認為可能失去的一切。但之後——這是關鍵——從每一次錯誤中學習。因為每段經歷、每個遭遇，尤其是你犯的錯，都能讓你有所領悟，驅使你成為更真實的自己，然後釐清下一步該怎麼做。生命的關鍵在於發展一套道德和情感的內在GPS導航系統，指引你正確的方向。」

做一件你認為你做不到的事。失敗了，然後再試一次。只有從來不敢冒險爬上高處的人才不曾跌倒過。

——歐普拉．溫芙蕾

被拒絕是一件痛苦的事，但能激發創意。史蒂芬．史匹柏（Steven Spielberg）小時候常常很孤單，身為正統派猶太教徒的他說，常感覺和同學格格不入，被欺負更是家常便飯。他夢想成為電影製作人，自己拍攝了一些短片。但是在學校他過得很辛苦，他有讀寫障礙，高中畢業時的平均成績是C。他申請南加大電影學院被拒絕，退而求其次進了加州州立大學長灘分校，並且得到在環球製片廠（Universal Studios）實習的機會。他的才能在此開花，贏得了一紙導演合約，於是他輟學展開了拍電影的生涯。

史匹柏拍出了洋洋灑灑一長串賣座片，包括《ET外星人》（*E.T.*）、《大白鯊》（*Jaws*）、《法櫃奇兵》（*Raiders of the Lost Ark*）、《辛德勒的名單》（*Schindler's*

*List*）、《搶救雷恩大兵》（*Saving Private Ryan*）。其中《ET外星人》的核心主題是寂寞迷惘的孩子，創作背景是史匹柏的父母離異。今日史匹柏備受推崇讚揚，但他也有過搞砸的時候，只是很少被提起。比方說，一九七九年上映的二戰喜劇《一九四一》（1941）就被影評人一致炮轟。不過史匹柏說他拍過的每一部電影都足以為傲，苦難災禍都是創作的養分，他自己的說法是：「每個月我都要經歷一次天塌下來砸在我頭上，等到我醒過來睜開眼睛，就又看到下一部我想要拍的電影了。」

＊＊＊

愛迪生曾經被老師宣告為「太笨了不可能學會東西」，他早期的職業生涯也並不順遂，有過幾次重大失敗，據說曾經做了好幾份工作都被開除。為什麼他能找到繼續前進的力量？愛迪生認為，這要歸功於他的母親給了他無比的信心。即便如此，大家都知道愛迪生研發燈泡時經歷了數千次失敗，常被人傳說的一個故事版本是，他失敗到記者忍不住問他是不是準備要放棄了，愛迪生回答：「我沒有失敗。我剛找出了一萬種行不通的方法。馬上就要成功了。」他沒有放棄，剩下的故事不用說大家都知道了。

不過呢，各位可別因此以為失敗必然發生在成功之前。想一想賈伯斯的例子，這個蘋果公司的創辦人是在成功之後才經歷了人生最大的失敗。賈伯斯和好搭檔史蒂夫．沃茲尼克（Steve Wozniak）在自家車庫創立了蘋果公司，一九七六年推出第一台蘋果電腦，一九八〇年公司上市，一路起起伏伏，一九八三年的麗莎電腦（Lisa）是一大敗筆，但是第二年旋即發售創新的麥金塔電腦。

蘋果日益壯大成為大型企業，但賈伯斯依然堅持非傳統路線。於是一九八五年在新任執行長的策劃之下，賈伯斯被公然趕出了這個他一手創建的公司。二十年後，賈伯斯在史丹佛的畢業演說中談到這件事讓他多麼痛苦，但是接著又說：「當時我沒發現，但是現在看來，被蘋果電腦開除是我所經歷過最好的事。成功的沉重改換成了從頭來過的輕鬆，每件事情都不再那麼確定。我得到釋放，進入這輩子最具創意的階段之一。」

賈伯斯在一九九七年回到蘋果擔任執行長，直到二〇一一年他以五十六歲之齡過世的那一天為止，賈伯斯始終是一個革新者暨造反者。蘋果最出名的廣告之一「不同凡想」（Think Different）正是在謳歌那些不隨波逐流、敢於不同，甚至敢「雖千萬人吾往矣」的人：「在一些人看來是『瘋子』的人身上，我們看到的是天才。因為那些瘋到認為自己可以改變世界的人，正是改變了世界的人。」

賈伯斯離開蘋果的日子裡，最賺錢的一項投資是成立了皮克斯（Pixar）動畫工作室，這家公司本身就是從失敗走向成功的一個範例，賈伯斯協助其轉型為迪士尼渴望買下的一家公司。（對了，迪士尼創始人華特・迪士尼是另一個從失敗到成功的範本故事，他早年為密蘇里州一家報社工作卻被開除，理由是「不夠有創意」，然後他成立了「歡笑動畫工作室」（Laugh-O-Grams）結果破產了。）皮克斯的共同創辦人艾德文・卡特姆（Edwin Catmull）曾經在訪談中說過：「我們應該從不同的角度去思考失敗。我不是第一個說這話的人，但如果應對得當，失敗有可能是成長的機會。可惜的是，很多人把這句話解釋為『犯錯是必要之惡』。犯錯不是必要之惡，其實根本不算是『惡』，而是在做一件新事情時不可避免的結果，所以說應該被視為有價值的經驗。沒有失敗錯誤，就不會有新的創造。話說回來，雖然我在這邊說要擁抱失敗，因為這是重要的學習過程，但是我也知道光是體認到這個真理並不夠。因為失敗很痛苦，當我們感受到這種痛苦的時候，很容易扭曲我們對其價值的認知。為了要把好的部分和壞的部分區隔開來，我們必須同時了解到兩件事：失敗是痛苦的，但是失敗帶來的成長是有益的。」

談到克服失敗，在體育活動中每天都可以找到新的例子，因為參加任何一種體育競賽必定會有輸的時候，不可能永遠不敗。孩子在參加體育競賽時，我們有很多機會協助他們面對失敗。第一課就是：下次會更好。很少有哪一個領域像運動這樣視失敗為理所當然，尤其是初學者更常被告誡：跌倒、摔跤、撞到東西或是掉球都沒關係，這樣才會有進步。正因為如此，所以體育活動在我們的社會中是非常重要而且獨特的存在。在體育活動中，失敗然後從失敗中學習是成功的必經之路。

這個教訓並不僅限於學校的體育活動。很多全世界最偉大的運動員還是常常會輸——只要你有看過運動比賽，不管是足球的超級盃、棒球的世界大賽，或是籃球的ＮＢＡ冠軍賽，一定曾經看過明星球員輸球。籃球之神喬丹（Michael Jordan）說過：「在我的籃球生涯中，有九千多次投籃沒進，輸掉了將近三百場比賽，還有二十六次被賦予致勝關鍵球的重任卻沒投進。我的生命充滿一次又一次再一次失敗，所以我成功了。」網球名將小威廉絲（Serena Williams）也說：「我真心認為，冠軍的定義不是看勝利，而是看如何從失敗中站起來。」

運動員還要面對另一種更慘烈的失敗：因為受傷而不得不退役。凱莉．克拉克（Kelly Clark）原本是奪牌最多的單板滑雪奧運選手，但在二〇一五年於挪威舉辦的世界極限運動會（X Games）受傷，大腿後肌與骨頭分離，連接髖骨和股骨的軟骨撕裂。接下來的一個月她躺在床上度過，雙腳綁在一起等待恢復，而且在手術後必須重新學習走路。換作是別人，可能會抱著獎牌瞓瞓引退，但是凱莉拒絕讓受傷為她的職業生涯畫下句點。她大膽決定復健並復出，再次接受訓練、參加比賽——不只是為了要贏，更是為了帶給其他人希望。

後來凱莉取得了二〇一八年平昌冬奧代表權，成為第一個參加五屆奧運的單板滑雪選手，這個消息轟動了運動界。這一年她三十四歲，同場競爭的對手很多只有她的一半歲數。雖然結果她沒有贏得獎牌，但仍然取得第四名的好成績。我在觀賞平昌奧運時注意到，其他運動員都非常敬重凱莉，包括得到金牌的克洛伊．金（Chloe Kim）。

＊＊＊

理查．布蘭森（Richard Branson）的失敗經驗可以寫一部傳奇史。他的第一次冒險就是高調成立維珍航空（Virgin Atlantic Airways），旗下只有一架飛機，而且在試航時還遇到一群鳥來搗亂。後來他又創立了許多事業，其中有些嘗試在萬眾矚目下失敗了，像是意圖挑戰可口可樂的維珍可樂（Virgin Cola），還有線上販車的維珍汽車

（Virgin Cars）。但是不管失敗多少次，布蘭森總是會東山再起，他的故事就是創業精神的縮影：失敗、重組，然後另起爐灶。今日布蘭森的維珍集團旗下涵蓋大約四百家公司，他曾經說過：「就算跌了個狗吃屎，至少是在往前進。」

當我們想到「追隨前人的腳步」，很少會想到前人走過的失敗的路。本章的用意就是要讓大家看到，卓越的領導人和高成就者在成功的路上都曾經失敗過，有時候甚至是一次又一次失敗。所以下一次當你失敗時請記住，你是在追隨偉人的腳步失敗。

# 13 逆風高飛

我這輩子曾經有過不少時候強烈意識到，自己和周遭的人不一樣，或許是因為出身背景、性別，或是因為教育程度，總之因為差異而導致我產生自卑感，或是所謂的「冒名頂替症候群」，也就是感覺自己不配站在這裡，只是假裝自己很有能力而已。

多年來在太多太多的情境中，我是唯一依靠助學金就學的學生；之後則是唯一一個沒有大學學位的人，或是董事會議中唯一的女性。這些例子應該夠清楚了。在社會中感覺自己「不一樣」的人特別容易因為害怕失敗而縛手縛腳，因為我們怕自己會讓和我們同類的整群人蒙羞。

奇妙的是，這種矮人一截的感受也可能成為增強力量的大力丸。那些因為「先天不足」而被其他人認為「條件不符」、被排除在外的人，往往爬得比任何人更高，像是年輕時的歐普拉，或是小時候被認為「孺子不可教」的愛迪生，或是被電影學院拒絕入學申請的史匹柏。

熱銷全球的《哈利波特》系列作者羅琳（J.K. Rowling）曾經走過人生的低潮，當時她是領社會福利金的單親媽媽，還患有憂鬱症。後來她描述那個時候的自己是「我見過最失敗的一個人」。但是這段黑暗時期啟發了一個正邪對抗的神祕世界，成為她寫小說的基礎。她開始利用晚上的時間坐在咖啡館裡手寫原稿，等到她終於鼓起勇氣向出版社投稿，得到的則是一次又一次的拒絕。

二〇一六年羅琳在推特上貼出了她早期收到的一些拒絕信，用意是鼓勵立志成為作家的人不要放棄。回應的人當中有人問她持續嘗試的動力是什麼？她回答：「我沒有什麼好失去的，有時候這就足以讓人勇於嘗試。」很多新手作家在推特回文表示感謝，說羅琳早年被拒絕的經驗給了他們堅持下去的勇氣。

＊＊＊

一九八五年，蘇丹爆發殘酷的內戰，數百萬人死亡，另有數百萬人流離失所。十一歲的薩爾瓦·達特（Salva Dut）住在南蘇丹的一個村莊，當村子受到攻擊時，他和其他男孩一起逃命，步行數百英里逃到衣索匹亞的一處難民營，而且其中有些男孩年僅五歲。和他們有著同樣遭遇的孩子被通稱為「蘇丹迷途男孩」，但是薩爾瓦在TED演講中講述自己的故事時說：「我們並沒有迷途。我們是向前走男孩。」他們在路上遇過獅子，在水裡遇過鱷魚，但他們最害怕的是被士兵抓到，要是被抓到，就會被斬草除根以免長大成為反抗軍。

當男孩們好不容易抵達難民營，卻發現生活條件差到極點，每天只有一杓食物和一丁點水，沒有衛生設備。最糟糕的是沒有可以照顧他們的大人，迷途男孩們必須自立自強。他們決定離開，於是十五歲的薩爾瓦被選為領導人，帶領一千五百名男孩前往肯亞的卡庫馬難民營，這又是一趟數百英里遠的艱困旅程。在那兒，生活條件有了改善。

二十二歲時，薩爾瓦以政治難民的身分來到美國，得到紐約州羅徹斯特

（Rochester）的一個家庭收容。他一切都得從頭學起，從怎麼開電燈到上雜貨店購物都得學。後來有一天，來到美國幾年以後，薩爾瓦得到一個讓他不敢相信的消息：他以為已經死於戰爭的父親竟然還活著。他回到南蘇丹和打從十一歲起就沒見過的父親團聚，卻發現父親因為喝了髒水而病重。薩爾瓦在TED演講中一邊描述水有多髒，一邊從口袋裡掏出一個塑膠瓶舉高，好讓觀眾看見裡面汙濁的水。

儘管薩爾瓦對慈善事業一無所知，他回到美國後就成立了一個叫做「為南蘇丹供水」（Water for South Sudan）的非營利機構展開抗戰，目標是為他當年逃離的家鄉地區提供安全的飲用水。他花了四年時間募集到五萬美元（約合台幣一百五十萬元）在父親的村莊鑽了一口井。自從二〇〇五年的這第一口井到現在，「為南蘇丹供水」已經在偏遠村莊鑽出了三百零四口井服務數十萬人。薩爾瓦的故事在很多方面觸動人心，而他持續傳遞出的訊息是希望與堅持。他的人生主旋律是「向前走」——不斷往前走正是不屈不撓的象徵。現在當他遇到困難時，他說：「我就是一直向前走，踏出一隻腳，再一隻腳。我學到只要堅持下去，就能在人生中實現很多美好的事，不管情況有多麼糟糕。」

像薩爾瓦這樣的故事帶給我們鼓舞，但是在我們當中有一些人感到迷失，他們的故事又是怎麼樣的呢？退伍軍人被我們稱為榮民、英雄，然而儘管我們為他們在戰爭中的英勇喝采，另一方面卻在他們返鄉時給予太少援助，如同芭芭拉．范達倫的故事所提醒我們的。很多軍人在戰場上受到重傷，從伊拉克和阿富汗戰爭退役的人至少有兩成罹患創傷後壓力症候群。很多勇敢的軍人在重新融入社會時遇到困難，缺乏認同感，也失去了從前支撐他們度過每一天的目標。從很多方面可以看出他們的適應不良，最讓人痛心的例證就是高自殺率，還有成為遊民的比例。

魯比肯隊（Team Rubicon）在此粉墨登場。二〇一〇年一月海地首都太子港（Port-au-Prince）發生七級強震，將近百萬人無家可歸，數千人死亡。兩個前美國海軍陸戰隊員傑克．伍德（Jake Wood）和威廉．麥克諾提（William McNulty）見義勇為，他們和其他六名退役士兵及朋友募集了救難金和醫療用品，先飛往多明尼加共和國，然後開卡車把物資送到海地。在提供災難救助的過程中，魯比肯隊發現這同時能讓退役軍人重新找到自我價值，他們在救災活動中得到新的目標，找到新的認同團體。

起初魯比肯隊的成員把自己定位為「由退役軍人提供服務的救災團體」，然後創始成員之一的克雷．杭特（Clay Hunt）自殺，之後他們開始把自己視為「透過救災為退役軍人提供服務的組織」。傑克．伍德在一場感人的談話中講到他的朋友克雷，還有軍人退伍後生活中的失落與自傲，他說：「想想看，一個生長在堪薩斯市的十八歲大男孩高中畢業入伍，軍隊給他一把槍，派他去伊拉克，然後在他胸口別上動章。他光榮返鄉，人們在遊行中抛彩帶熱烈歡迎他。他脫下制服，不再是團隊中的瓊斯中士。現在他是來自堪薩斯市的大衛。他失去了從前的自我價值感。但是你在發生風災之後派他去救災，又會有人走過來找他握手，謝謝他的幫忙，於是他又找回了自我價值感。」

＊＊＊

在慈善事業這個特別的圈子當中，我並不常遇到和我有相同背景的人——曾經接受慈善事業的幫助，然後成了基金會的掌舵人。所以當我第一次見到戴倫．沃克（Darren Walker），聽到他講述自己如何在逆境中展翅高飛，成為福特基金會主席的故事，我深受感動。福特基金會是美國最大的基金會之一，傳統悠久，聲譽卓著，規模龐大，資產超過一百二十億美元（約合台幣三千六百億元），儘管如此，戴倫毫不避諱公開談論他不起眼的出身。《華盛頓郵報》（*Washington Post*）的喬納森．凱普哈特（Jonathan Capehart）採訪戴倫時，他說：「我擁抱我的過去。我不必特地去研究鄉村低收入社群的環境來了解貧窮。我就是在那兒長大的。」

戴倫現在成了我的好友，他很清楚克服了重重逆境之後，他佔據了一個獨特的位置。他是出身於美國南方的黑人男同志，但他從來沒有讓偏見或其他嚇人的障礙阻擋自己追夢。他的傳奇人生故事激勵了許多人，吸引了眾多人物介紹報導，包括《時代》雜誌把他列入全球百大影響力人士。他鼓勵其他取得社會地位或特權的人大膽發言，去「賦能」其他人，讓世界變得更美好。他老愛說：「我對美國的未來非常非常樂觀。」有了像戴倫這樣的故事激勵我們，我們更能相信任何人都能戰勝逆境，逆風高飛。

或許你會擔心跌倒時其他人的閒言閒語，因此感到沉重的壓力，特別是如果你和我一樣害怕自己的失敗會加深既有的成見，加深「什麼樣的人能做大事、什麼樣的人成不了氣候」的刻板印象。我想要請各位把目光聚焦於本章介紹的人物，這些人不僅僅是感覺到自己不一樣或低人一等，而是確實如此。然而他們每一個人都克服了對留下失敗惡名的恐懼，從而成就了偉大的事業，而且還幫助減少了人們的偏見，讓我們用新的眼光去看那些「不一樣的人」潛在的能力。讓這些故事激勵你鼓起勇氣，去克服那可能讓你停下腳步的不安全感。

# 14 眼光放遠

千金難買早知道。我但願能夠早知道的事情很多：我沒申請到想進的大學，卻因為留在本地念書而得到在華盛頓的雷根政府工作的機會。沒想到這個工作因為缺乏資金而停擺，所以我在一家新創科技公司找了份臨時工作以支付房租，結果這份新工作帶我走出了我夢想不到的職涯。回首前塵往事，我依然記得，發生這兩件事情的時候我所感受到的痛苦與失望，還有擔心害怕自己永遠找不到一個可以安身立命的地方。真希望我有一顆能夠看到未來的水晶球。

每一個人的生命中總是有多個轉折。有智慧的人能夠在失望中找到新契機，有智慧的組織也是。我曾經讀到，有個創辦人把公司的下一步大計畫寫在紙上，存放在辦公桌的抽屜裡，等待他認為條件成熟的時刻到來。在某種程度上這是明智的做法，可是換個角度想，永遠不會有「適合大膽嘗試的完美時機」，如果等待太久，機會可能就從你身邊溜走了。沒錯，時機決定一切，但是如同俗諺所云：「種樹的最佳時機是二十年前；次佳時機則是現在。」

一個構想的成功或失敗，時機和外在因素可能扮演重要的角色。我們必須保持理智，想清楚嘗試新東西的風險，因為有很多試圖做大事卻失敗的前車之鑑。我們必須認知到，失敗確實會發生，而且有些失敗是無可避免的。每一個成功的例子都是踏著前人的失敗前進，臉書的墊腳石是 Friendster、Spotify 的墊腳石是 Napster；每一個重大醫學突破的背後，也總是有許多窮畢生之力卻並沒有做出重大貢獻的醫生和技術人員。

有時候，失敗不是因為點子不好，而是因為執行出錯。隨便去問一個成功的企業主或領袖，他們多半會談到草創初期多麼缺乏時間和資源，也請不起世界級的第一流人才。關鍵是及早辨識出失敗的可能性，趁著還來得及的時候趕快修正路徑。你必須誠實討論哪些東西行得通、哪些行不通，並且找其他人幫忙看一下哪裡有問題，一面前進，一面做出必要的修正。

蓋茲基金會（Gates Foundation）在二〇〇六年宣布投入一百三十億美元（約合台幣三千九百億元）計畫在二〇一〇年之前根絕小兒麻痺症。這是一個大膽無比的計畫，但是他們相信他們能做到，一起參與的人也這樣相信。然而到了二〇一〇年，小兒麻痺依然肆虐於部分目標國家，沒有絕跡。

我對他們的痛苦感同身受，因為我也曾經經歷過，儘管程度不同，痛是一樣的。想像一下，你出於善心投資了這麼一大筆錢，花了很多時間力氣，還動員了很多你崇敬的人，結果發現做不出個成果。這對比爾．蓋茲（Bill Gates）是一大打擊，但是他沒有因此自怨自艾，反而把眼光放遠，提問：「接下來我們要做什麼？」這是最正確的問題。蓋茲基金會繼續往前走，繼續努力，繼續投資。在我寫下這段文字的同時，蓋茲基金會宣布世上僅剩兩個國家共十二例小兒麻痺，比爾和妻子梅琳達．蓋茲（Melinda Gates）共同的目標眼看就要實現了。關鍵是：他們從不懷疑自己走在正確的路徑上，從不考慮抽身退出。他們往遠處看，去思考實現目標該做些什麼，不管路上遇到什麼挫折都不退縮。

體育界也有很多需要把眼光放遠的例子，去挺過一次又一次的失敗與挫折。以我們在美國線上時的老同事兼好友泰德・李昂西斯（Ted Leonsis）為例，美國線上併購了他創立的一家科技公司，他因此加入我們，大家都知道他是一個聰明能幹的領導人，有遠大的抱負和眾多豐功偉績。泰德在一九九九年買下華盛頓首都冰球隊（Washington Capitals），目標只有一個：贏得季後賽冠軍的史丹利盃（Stanley Cup）。但是儘管首都隊網羅到不少明星球員，並且從二〇一〇年起三度拿下國家冰球聯盟（ＮＨＬ）常規賽最高積分的總統獎盃（Presidents' Trophey），也曾多次晉級季後賽，然而將近二十年始終與史丹利盃無緣。泰德秉持他一貫的創業家精神，從未停下追求成功的腳步，沿路做出必要的修正以保持在正軌上，對最終的使命不曾失去過信心。這段期間內，粉絲也以票房展現支持——儘管沒有打進史丹利盃決賽，但是首都隊有超過四百場球賽的門票完售。

然後在二〇一八年，泰德和他的團隊終於成功了，史上第一次把史丹利獎盃帶回華府。慶功時，泰德被問到這一條成功的漫漫長路，他回答：「經歷千辛萬苦爬上山頂的感覺更是甜美。人生就是這樣。偉大的事業就是這樣打造出來的。從來不會是一件容易的事。」

＊＊＊

我常會從歷史中找例子來印證「目光放遠」的智慧。在你為某個人貼上「失敗」的標籤之前，先想一想米爾頓．賀喜（Milton S. Hershey）的故事。賀喜出生於一八五七年賓州的鄉下，父親拋家棄子，母親生活困頓，需要兒子幫忙養家，所以賀喜沒什麼機會接受正規教育。十四歲時賀喜到蘭開斯特（Lancaster）一家糕點店當學徒，學到做糖果的技巧，並且在四年後決定自立門戶，向阿姨借了一百五十美元搬到費城（Philadelphia）展開製造糖果的事業。雖然他有熱情、有毅力，但是五年內事業就宣告失敗，遭遇挫折的賀喜並未因此喪志，他跑到丹佛（Denver）找父親，開始學習另一項甜品技術：製作牛奶糖。他認為這種新糖果將會風靡全國，他走遍全美國之後在紐約市落腳，自己開了一家糖果店，這一年他二十六歲；這家店在三年內關門大吉。

賀喜回到賓州老家，家人把他看成一個浪蕩子，甚至不希望他參加家庭聚會。他年近四十，一事無成，是不是該放棄創業夢呢？他不但沒有放棄，反而又開了一家公司：蘭開斯特牛奶糖公司（Lancaster Caramel Company）。他的媽媽和阿姨幫他實驗找出「只融你口」的配方，這家公司終於成功了。賀喜在一九〇〇年用一百萬美元出售蘭開斯特牛奶糖公司，因為他有一個更大的雄心壯志：巧克力。

巧克力糖果不是什麼新玩意兒，但是大量生產的技術是新的。賀喜投資買下最新的設備，在家鄉德瑞鎮（Derry Park，後來改名為「賀喜鎮」）開設了賀喜巧克力公司。或許是因為自己吃過苦，所以賀喜把賀喜鎮打造成一個能讓工人快樂生活的模範城鎮，在相對舒適的環境中工作、生活、玩樂。到最後賀喜實現了他的夢想。

但是賀喜帶給這個世界的不僅於此。早在他建立賀喜巧克力公司之前，他遇到了想要共度一生的女性，也就是他的妻子凱薩琳（Catherine）。後來賀喜夫婦發現他們無法生育，便決定全力幫助貧困孩童，開設了「賀喜工業學校」（Hershey Industrial School）收容孤兒男孩，目標是教導學生職業技能，將來才能找到薪資比較高的工作。一九一五年凱薩琳過世後，賀喜把大部份的資產轉移至學校名下。如今每年有兩千多名低收入學生以賀喜學校為家，這所學校現在已改名為「米爾頓・賀喜學校」（Milton Hershey School）並且招收女生。到一九八九年為止，學校都按照賀喜先生創校時的規定，要求學生每天擠牛奶兩次。由於賀喜先生的遠見，賀喜學校坐擁一百二十五億美元的捐款（約合台幣三千七百五十億元），比某些長春藤聯盟的大學更有錢！

＊＊＊

英文裡面用「晚開的花」（late bloomer）來形容「大器晚成的人」。麥爾坎・葛拉威爾（Malcolm Gladwell）在《紐約客》（*New Yorker*）雜誌的文章中寫道：「在通往偉大成就的路上，晚開的花看起來像是失敗了」，這句話十分符合賀喜的情況。一般人普遍傾向認為，年輕人比較有創造力，比較敢做夢，然而若是擁有正確的態度，對未來抱持健全的展望，晚開的花也能有大成就。

無可否認，有時候，是情勢所迫才讓人投下大賭注，但有時候最重要的是把目光放遠，從長遠的角度去考慮事情，並且把失敗納入考量。打棒球時不會因為第一局的一個三振出局就此判定生死，整場比賽還長得很呢。（據說強棒貝比・魯斯〔Babe Ruth〕是全壘打王，同時也是三振王。）有太多公司只顧著擔心本季盈虧而忘了長期的願景，因而栽了跟頭。

華倫・巴菲特（Warren Buffett）是一個格外成功的領導人物，被很多人奉為商業經營的導師。最近幾年我有幸在每年的「樂施誓約」（Giving Pledge）聚會中與華倫共處，有時也會在其他商業或會議場合碰面。「樂施誓約」是二〇一〇年由比爾・蓋茲夫婦與華倫共同發起的活動，集結了許多承諾捐出至少半數財富做公益的個人與家庭。我和史蒂夫因為早年從事科技業而認識了比爾和梅琳達，但是在加入這個團體之前和華倫並不熟。華倫被尊稱為「奧瑪哈先知」（Oracle of Omaha），我向來非常期待與他共度的時光，他會利用聚會時分享八十八年來的人生智慧，言談幽默風趣，同時嚴肅關切如何解決世界各地面臨的嚴苛挑戰。

華倫是全世界第三富有的人，但他並不避諱承認自己犯過代價高昂的錯誤。他所經營的波克夏海瑟威公司（Berkshire Hathaway）以強勢成長聞名，然而二〇一〇年他告訴CNBC：「我買過最笨的股票就是波克夏海瑟威」，他繼續解釋說，當時波克夏海瑟威是一家日薄西山的紡織公司，華倫因為被該公司執行長的報價惹怒而買下大量股份，結果這家紡織公司的業績不振，拖累了後來他名下所有其他投資。在訪談中，華倫估算他為這次錯誤的投資付出了可觀的學費！不過我們的奧瑪哈先知透過放長線的策略浴火重生——不隨風向起舞買賣，而是尋找能建立長期價值的企業做為投資標的。事實上，他整個人生就是長線經營的寫照：你知道嗎，巴菲特的財富絕大多數是在五十歲以後賺得的；而在八十三到八十七歲的這四年間，他增加的財富相當於他在人生前六十六年所賺到的總和。巴菲特在許多方面與眾不同，但我們這些平凡人可以選擇效法他的策略。

本章挑選的故事是為了讓大家明白，當我們在路上遇到失敗的時候必須堅持到底。每一次的失敗與波折都會讓我們更堅強，我們只要把目光牢牢盯住目標，就算需要花一些時間，終會有奪標的一日。

# 15 去吧，從失敗中學習

投下大賭注就必須承擔失敗的風險。在闡述「讓失敗有意義」這個原則時，我引用了很多故事讓大家看到，每一個偉大的革新者都曾經失敗過，唯有其中的佼佼者懂得想辦法從失敗中汲取教訓，成為前進的動力。問問你自己：阻礙你前進的究竟是失敗本身，還是對失敗的恐懼？

因為覺得丟臉而想要隱藏失敗，這是人性。你會說：「我已經做到了什麼什麼，只差那麼一點點。」何不試著改變一下，不要鑽進羞愧的地洞，而是站出來大聲宣告失敗，利用這個機會告訴大家你學到了什麼，同時再次重申你要達到目標的決心？我向各位保證，這樣做會得到前所未有的自由感受，這是我一路跌跌撞撞得來的親身經驗。

同樣的，被拒絕很痛苦，但事後看來可能會變成榮譽的勳章。很多革新者和領導人都曾經教過我們這個教訓，包括愛因斯坦，他們知道失敗讓他們更接近未來的成功。J．K．羅琳不畏拒絕繼續嘗試，阿斯特羅．泰勒把失敗當作成功的配方，華倫．巴菲特提醒我們要長期堅持下去。當你遇到挫折時，想一想這些有卓越成就的人智慧的話語，幫助自己重新站起來。

二〇一四年傑夫．貝佐斯寫給亞馬遜股東的信中說：「創新的過程中難免經歷失敗，這是無法避免的。我們很早就理解失敗的意義，而且相信失敗所能帶來的收穫，我們會不斷反覆改善，直到成功。」這段話和愛迪生久遠以前說過的話有異曲同工之妙。

現在，花點時間想一想你自己的人生。或許你有失敗的故事，曾經跌到似乎深不可見的谷底爬不出來。現在回頭看，你是否能對當時的經驗做出正確評價？你從那段黑暗時期學到了什麼？從中看到了什麼未來的機會？

> 每一次失敗都有另一種解決方法，只要把這個方法找出來就好。遇到路障，就繞路吧。
>
> ——玫琳凱・艾施（Mary Kay Ash）

我認為所謂的完美無缺，也就是從不犯錯，只是個神話。現今的社會文化對追求完美有巨大的壓力，影響年輕人尤鉅：要進最好的學校，不只必須拿到完美的成績，還要交出完美學業以外的成就履歷；然後要找到好工作，必須有完美的GPA（學業成績平均點數）再加上實習和更多課外活動。難怪美國心理學會（American Psychological Association）的報告指出，追求完美的壓力正導致青少年憂鬱的比例增加。

蓋茲基金會掃除小兒麻痺的故事教導我們非常重要的一課，那就是，沒有達到目標時應該問：「接下來要做什麼？」成功之路是一條長路，路上有高峰，有深谷，有擋路的大石頭。當你踏上旅程朝目的地前進時，別忘了牢牢記住前面提過的南極探險家歐內斯特．薛克頓的智慧之語：「不管怎麼說，困難就是需要人去克服的。」

原則四：

# 不要活在自己的泡泡裡

# 16 消除盲點

「妳在哪裡？」生意夥伴的聲音透過車上的藍芽裝置傳送出來。我回答：「史蒂夫和我正開著露營車在賓州公路旅行。」這是一通重要的生意電話，外子和我都同意應該要接這通電話，儘管來電的時機不巧，我們正要出發度假。我的生意夥伴聲音中帶著明顯的難以置信追問：「我好驚訝。你們兩個為什麼要做這種事？」

自從進入空巢期，我和史蒂夫每年八月都會開著露營拖車，出門去追尋生命中最單純的喜悅，像是丘陵起伏的鄉間美景，或是傍著營火烹煮晚餐的樸實樂趣。我們還準備了一袋二十五分錢的硬幣，因為路上有時候會用到投幣式的三分鐘熱水浴。

我們從這處移動到下一處，探索小鎮、當地人愛去的地方、歷史遺跡和公園，勾勒出一幅美國風情畫。這些公路旅行對我們來說就是一場華麗的探險。雖然我出生於中西部的工人階級，但是現在我和史蒂夫在首都華盛頓特區過著優渥的生活，所以這些旅程幫助我們走出熟悉的圈子，和那些相當不同的人與地方建立起連結。我們在旅程中遇見的人，時常被東西兩岸大城市的人批評或瞧不起，但我們發現，不管去到何處，總是會開啟我們的新眼界，敬重之心油然而生。有時候，我們更親身體會到那些時常被忽略或誤解的地方所面臨的挑戰，以及這些地方所擁有的機會。

在一趟最近的旅程中，我們在一個晴朗而意外涼爽的美好八月日子裡，來到賓州東部的產煤區，跟著美食評論找到一個曾經繁榮的煤礦鎮上的餐酒館。我們沿著主街開，觸目盡是衰敗荒蕪。通常我們很難在主街上找到夠大的停車位容納我們的行頭，但是這一次我們可以隨意選擇位置。靠邊停好車以後，我跳下車把錢投入計時收費器。

我們往前走了一個街區抵達「M＆M紅區」運動酒吧，這家店在 Yelp 的評分高達五顆星滿分，在貓途鷹（TripAdvisor）排名第一。入座之後，店主鮑比．穆赫龍（Bobby Moucheron）過來介紹菜單，我們點了他推薦的費城牛肉起司三明治和特製雞翅。等待食物上桌時，我們問起這個鎮和店主自己的故事，結果發現鮑比的故事和所有美國故事一樣波瀾起伏，迂迴曲折。他在這個鎮出生長大，大學畢業以後離開家鄉到電話公司當接線生——這是一個今日已經不復存在的工作。他在公司得到機會，受訓學習當時的新技術ＰＢＸ交換機系統，於是一路平穩工作直到最近退休。回到馬哈諾伊市（Mahanoy City）以後有個機會買下這間店，他就買了。他的曾曾祖父曾經是這家店的主人。

馬哈諾伊市面臨的挑戰和全美各地許多社區類似，從曾經繁華（據說是全美人均酒吧數最高的城鎮）到今日力圖挽回昔日榮光。經濟衰退與隨之而來的問題——毒品、失業、低薪資——對於像鮑比這樣懷抱第二春希望返鄉的人來說根本難以招架。美國人口普查得出的家戶收入中位數是五萬九千美元（約合台幣一百八十萬元），馬哈諾伊的中位數卻只有兩萬七千美元（約合台幣八十萬元）。然而就在我們造訪小鎮的那個星期，鮑比的臉書頁面上充滿了親友鄰居捐贈幫助德州哈維颶風（Hurricane Harvey）災民的照片。我們出門尋找美國精神，並且找到了：自顧尚且不暇的社群向處境更糟糕的人伸出溫暖的援手。

我們開了快要三千公里的路，漫遊於賓州、紐約州和維吉尼亞州的小鎮，在多次與人的親密接觸中看到了美國的面貌。有人對自己看到的一切不抱希望，並且直言不諱，例如有一次我們在停車地點遇到一名女子對我們大叫：「我不知道你們來這裡幹嘛，但是如果你們還有點腦子，最好趕快上車，從哪裡來就回哪裡去。這個鎮上沒好事。」但是我們每聽到一句負面的評論，總是會有兩、三個相反的正面例子扭轉我們的看法，讓我們露出笑容。例如在公路旁開了一間有機商店的門諾會一家人，他們有九個孩子在家自學；或是帶著兩個幼兒的媽媽聽到我們開露營車旅行，晚上在美麗的州立公園內過夜時，讚嘆地說：「怎麼會有人願意花大把錢去住旅館房間，明明最漂亮的地方就在我們的國家公園和州立公園裡面，而且一個晚上的過夜費只要二十到三十美元而已！（約合台幣六百到九百元）」她說的對極了。

我們最後停留的地點當中，有一站是被所有群眾外包網站評為第一名的早餐店。我們繞下公路，開進薩斯奎哈納河（Susquehanna River）畔的一個小鎮，發現這家高評價的餐廳位於一間藥房內，門外已經有人在排隊了。終於進到裡面以後，迎面而來的是一座人聲鼎沸的老式櫃台，我們感覺彷彿走進了另一個時代。人們進進出出，互相喊名字打招呼，還順便問候家人或是評論一下當地時事。就我們看來，這正是身處科技化與行動化的現代許多人所渴望的社群歸屬感。

我們每年開著露營車下鄉入鎮的旅行，是為了拓展我們的視野，走出自己的小圈圈，去認識那些與我們有著不同生活方式的人們，以減少盲點與偏見。一篇又一篇的研究證實，我們所有人或多或少都有某種或某些偏見。所以如果你想要實現改變，就必須對這個世界有更深廣的認識。除此之外別無他法。

我的老同事兼老友羅斯・拜爾德（Ross Baird）二〇一七年寫了一本書叫做《創新的盲點》（*The Innovation Blind Spot*），書中描繪美國的創業、投資與創新現況，聚焦於阻礙成長與機會的盲點。羅斯提醒我們，儘管創業精神是美國的一大特色，但現實是，美國的創業活動走到了四十年來的低點，每日倒閉的公司數量比新成立的公司更多。

當然，在這個「創新的國度」有一些產業欣欣向榮，尤其是大公司和那些向來有機會取得資本和人脈的菁英分子。但是在這個創新經濟體中，有一些人被落下了，特別是女性、有色人種、美國中部的人民和低收入戶。羅斯參加了外子史蒂夫主辦的每一次「地方振興」之旅，他很清楚，來自多元背景和中部地方的創新者遇到的種種障礙。他的書在很多方面和另外兩本書呼應，一本是亞當・格蘭特（Adam Grant）的《反叛，改變世界的力量》（*Originals*），另一本是外子在二〇一六年出版的《第三波數位革命》（*The Third Wave*）。這三本書都清楚陳述：偉大的創新來自於意想不到的人和地方，三本書齊聲疾呼，要我們所有人去注意自家後院以外的世界正在發生什麼事。

另一個參與史蒂夫地方振興之旅的固定班底是傑德・凡斯（J.D. Vance），他寫的暢銷書《絕望者之歌：一個美國白人家族的悲劇與重生》（*Hillbilly Elegy*）是二〇一六年最多人閱讀的書之一，並且熱賣至今。凡斯生長於俄亥俄州中央鎮（Middletown）的貧困家庭，他的特殊天賦是清晰表達出中部核心區民眾的價值觀，幫助所有人了解他們面臨的挑戰，以及他們對整個社會的貢獻。在史蒂夫培養創業家的使命團隊中，非常歡迎凡斯的加入。

不管是要消除個人心態或組織中的盲點，感覺起來都是一個嚴峻的任務，然而這同時也意謂著開拓視野的絕佳機會，可能創造出嶄新的解決方案。想想看，我們怎麼會把美國廣大的中部地區稱為「飛行時經過的地方」（flyover country），彷彿這個地區沒有什麼值得注意。這種封閉的心態限制了美國整體發展的潛能，也和美國的歷史背道而馳；我們的歷史是由來自各地、各種背景的人共同推動下造就的一個偉大構想。

＊＊＊

匹茲堡過去曾有「世界鋼都」之稱，如今被很多人認為是一座夕陽產業城市。但是我在最近一次造訪時發現，匹茲堡集結了創業加速器、大學、科技公司和投資者之力，齊心復甦這座城市。這也是為什麼福特承諾在五年內投資十億美元（約合台幣三百億元）給專精於人工智慧（AI）和自動駕駛汽車工程的匹茲堡公司，優步（Uber）也因此選定匹茲堡為自駕車技術發展中心。匹茲堡的一些創新者包括寇特妮．威廉森（Courtney Williamson），她創立的創立「愛彼人生」（AbiliLife）是一家生物醫學公司，為帕金森氏症患者設計製造輔具；薇詩．克里希納穆綏（Vaish Krishnamurthy）的「清潔機器人」（CleanRobotics）公司推出了智慧垃圾桶 TrashBot，運用人工智慧分類可回收物和垃圾；還有「鞋底發電」（Sole-Power）公司的共同創辦人馬修．史丹頓（Matthew Stanton）和漢娜．亞歷山大（Hahna Alexander），利用行走時產生電力的鞋底為可攜式裝置充電，美國陸軍對這項技術特別有興趣。

「汽車城」底特律也正走在絕地重生的路上，領頭的願景家包括創立「速貸」（Quicken Loans）的丹．吉伯特（Dan Gilbert），他在二〇〇八年金融海嘯後，把公司和所有員工搬遷至底特律，並且大量投資房地產，幫助成立數十家新創公司，目前雇用的員工人數估計達一萬七千人。底特律的復興也要感謝公部門和私部門實現了看似不可能的合作關係，特別是大型慈善機構如福特、克雷斯格（Kresge）和家樂氏（Kellogg）基金會努力讓社會各部門齊聚一堂共同參與，對於底特律的經濟和社會復甦影響至鉅，扮演了關鍵的角色。在眾志成城的合作下，底特律的情況有了起色，這種樂觀奮鬥的精神足以成為其他城市的表率。在曾經輝煌的汽車產業陰影之下，新的技能和新的工作思維正逐漸成形。

＊＊＊

身在泡泡中往往意謂著不知道自己正在泡泡內。我們必須有意識地花力氣去脫離安逸，走出泡泡向四周張望。喜劇演員蒂娜・費（Tina Fey）談到她在《週六夜現場》（*Saturday Night Live*）編劇室工作的經驗時，評論說，如果編劇全部或大部分是男性，那麼寫給女性觀賞或以女性為主題的喜劇小品會比較少。這並不是有意識的歧視，而是排除其他聲音自然而然造成的結果。當更多女性在編輯室取得一席之地，就有更多出自女性之手、探討女性經驗的故事得以登上螢幕。

「不要活在自己的泡泡裡」這項原則要提醒大家的是，在實現大賭注的過程中，要盡量去找出和你觀點不同、背景不同的人。了解這些和你不一樣的人，與他們合作，這樣的能力是成功祕方的一部分。

# 17 締結看似不可能的夥伴關係

有句老話說：「一人計短，二人計長。」不用說，光是有更多人貢獻腦力就是一件好事，但是這句老話還有另一個層面是比較少人會想到的，那就是，多元化對突破性進展的益處。前面曾經提到過，有太多人把創意看作是某個單獨的天才的專利，事實上，很多偉大的組織、產品和活動是由互不相同的人合作所產生的結晶，因為彼此互補而取得進展。這類合作能帶來強大的競爭優勢。

研究也證實了這一點。二〇一五年麥肯錫（McKinsey）的《多元化至關重要》（*Diversity Matters*）報告檢視了多項財務指標，分析了加拿大、拉丁美洲、英國與美國境內多種不同產業共三百六十六家股票公開發行公司高階主管及董事會的成員，結果發現，性別或種族與族裔愈多元化的公司，愈可能有較佳的財務表現，而且在各地都是如此：種族與族裔最多元化的公司，有多出百分之三十五的機會賺得高於該國中位數的利潤，性別最多元化的公司業績優於其他公司達百分之十五。在美國更找出了多元化與績效之間的正相關：種族與族裔多元化的程度每增加百分之十，營利就隨之增加百分之零點八。這些多元化的公司都是例證，證明了締結看似不可能的夥伴關係所能帶來的益處。

我到商學院客座講課時，特別喜歡舉的一個例子是，國家地理學會如何以完全出人意表的方式走出泡泡。其實國家地理學會的核心宗旨一直是「向外伸出手」，我們廣募全世界出類拔萃的探險家、攝影師、科學家和說故事高手前往未知的最前線，然後回來告訴世人他們發現了什麼。我曾經跟著國家地理學會的探險家，爬上喜馬拉雅山脈的高峰尋找世界最高的寺廟；也曾經潛入深海直達海床、到野外觀察各大洲受威脅的物種。國家地理學會的探險家之所以能夠完成這些讓人振奮的任務，我們之所以能夠找到並且資助在全球各地進行的重要工作，完全要歸功於一項獨一無二的夥伴關係。

想要走得快，就一個人走。
想要走得遠，大家一起走。

——非洲諺語

一八八八年的一個冬夜，國家地理學會在華盛頓特區創立，不久之後，學會決定透過出版科學刊物的方式，來報導世界各地科學家和探險家的豐功偉業，然後利用雜誌銷售所得去資助更多探險家和科學家。我認為《國家地理雜誌》可以說是第一家社會企業！

時間往前快轉，這樣的企業模式到現在歷久彌新，依然蓬勃發展。二〇一五年，我們與二十一世紀福斯公司（21st Century Fox）締結了看似不可能的嶄新夥伴關係，把國家地理頻道、雜誌和數位產品納入旗下。非營利組織和媒體娛樂巨擘聯盟，這是一個挑戰直覺的想法，不管是福斯或國家地理學會都必須走出舒適圈，向外伸出手

——福斯必須學習和非營利組織合作，國家地理學會則必須學習和一家內容廣泛涵蓋從運動到電影的公司合作。話說回來，這個新的夥伴關係讓國家地理的內容每月得以接觸到全球將近十億人，今日這家合資公司的捐贈資產為十三億美元（約合台幣三百九十億元），每年提供超過一億美元（約合台幣三十億元）的資金讓國家地理學會得以延續傳統，繼續贊助全球重要的科學、探險、教育及發表活動，同時得以強化品牌形象，鞏固商業模式。

聯合品牌（co-branding）不是什麼新點子，但是跨出自己的泡泡不只需要兩個明顯合拍的組織互相合作。這樣的合作無疑是大膽的嘗試，兩方都必須放棄一部分掌控權，互相妥協的同時又要維持自己的價值主張。但是，一旦兩個來自不同領域的組織成功結合，就可能產生神奇的效應，成就遠遠超越任何一方獨力所能完成的事。

> 不管你的想法或策略有多棒，單打獨鬥絕對贏不了團隊合作。
>
> ——LinkedIn創辦人里德・霍夫曼（Reid Hoffman）

再來看另一個看似不可能的合作例子：美國太空總署（NASA）和樂高（LEGO）。國家級的太空機構和玩具公司看似沒有交集，兩者目標不一樣，目標對象也不一樣，但是在二〇一〇年，某個靈光一閃把這兩者牽到了一塊兒：NASA希望激勵新一代的年輕人成為科學家和工程師，樂高想要幫助孩子們立大志、用創意彩繪未來。一開始的合作是，由NASA在發現號太空梭（Discovery）出任務時攜帶一個樂高的小太空梭玩具，並且授權樂高使用NASA品牌製造一套發現號太空梭模型組。樂高則建了一個專屬網站讓孩子們探索太空。

然後到了二〇一一年，這個計畫真正起飛——不只是比喻，而且是真正飛上太空——奮進號太空梭（Endeavor）帶了十一套樂高組合到國際太空站，科學家在太空用這些模型做實驗，在地球上的孩子和教師則透過視訊轉播共同參與，另外搭配補充課程讓他們建造自己的模型，並且可以和太空人互動。我想未來有一天，我們會聽到太空人說，他們的太空夢是從玩樂高開始的。

前面談大賭注的章節曾經介紹過 Airbnb，但其實這家公司的興盛也要歸功於一系列看似不可能的夥伴關係，第一個例子就是二〇一四年和荷蘭皇家航空公司（KLM Airlines）合作，這兩家公司發現彼此的業務有交集，於是決定開拓合作關係——值得注意的地方是他們採用的合作方式。第一波合作內容就是把一架MD－11噴射機改裝成偽 Airbnb 公寓房間，把一排排的座位變成了酷炫的客廳，還放進了一張舒適的大床。然後他們舉辦了一場競賽，三名贏家可以分別在飛機公寓住上一晚，參賽者只需要用一百字以內的篇幅寫下自己應該贏得比賽的原因。

這場競賽極為成功，影片的觀看次數破三百萬。幸運贏家得到了夢幻的 Airbnb 住宿體驗，而這個噴射機公寓和一般的出租房源一樣有一套「入住公約」，條款包括「禁止飛行」、「請愛護我們的飛機如同愛護你自己的飛機」。今日這兩家公司持續交叉行銷，荷蘭航空的乘客可以在訂機票時，透過荷蘭航空預定 Airbnb 住宿。只需要一點點的想像力，並且願意分享資源和功勞，就能創造出持久的夥伴關係。

另一個可以說明這項原則的好例子是影響力投資（impact investment），影響力投資的定義是兼顧金錢和社會利益的投資，可能橫跨所有資產類別、所有經濟部門和地域。我們已經介紹過一些這類公司，像是瓦爾比派克眼鏡公司、幸福家庭食品公司、格雷斯登烘培坊，不過這些只是冰山一角，還有很多新企業成立時的想法就是要兼顧營利和使命宗旨。

近年來有愈來愈多的企業、組織和基金在這股風潮之下應運而生，眾多協會、研討會、研究報告、顧問和平台攜手合作，打造出蓬勃發展的氣象。事實上，有一些全世界最「夯」的品牌就是由此誕生，透過提供給市場的產品和服務，帶來正面的社會影響。有一批新的投資者和創業家正一起成功實現這個簡單但略顯顛覆的理念：社會影響和財務利潤同樣重要。

二〇一七年時，社會影響力投資的總金額比前一年增加了超過一倍，達到兩千兩百八十億美元（約合台幣七兆元），傳統的金融機構從摩根大通（JP Morgan）到德州太平洋集團（TPG），從高盛（Goldman Sachs）到貝恩資本（Bain Capital）都跳進來投資。全球最大的退休年金，也就是日本政府養老金投資基金（GPIF）挹注破兆日圓於社會責任投資，慈善事業與非營利組織也相繼入局，從福特基金會承諾十億美元（約合台幣三百億元）的影響力投資，到國家地理學會承諾的五千萬美元（約合台幣十五億元），背後的信念都是，這些投資將能提供可觀的經濟收益，同時有助於推動組織使命。

＊＊＊

談到最異想天開的夥伴關係，我愛舉的一個例子發生在伊波拉病毒危機期間，二〇一四年三月至二〇一六年三月，西非爆發史上最嚴重的疫情，全球忙於防疫，當時的美國總統歐巴馬指派我們的朋友兼同事兼凱斯基金會董事會成員羅恩・克蘭（Ron Klain）擔任伊波拉防疫總指揮（Ebola Czar）。救援與醫護人員紛紛趕往第一線提供協助，但感染的危險確實存在，偏偏疫區使用的防護衣笨重不便，需要三十一個步驟才能穿上，脫下來時需要兩個人花二十分鐘協助，而且布料不透氣，面罩在幾分鐘內就會起霧。最糟糕的地方是，最常見的防護衣款式已知有二十八個潛在汙染點。

為了尋求解決之道，非營利國際衛生組織 Jhpiego 和約翰霍普金斯大學（Johns Hopkins University）宣布舉辦設計大賽，希望設計出更理想的防護衣，結果引出了一些意外的參賽者。可想而知，參賽隊伍當中有工程科系的學生、公衛相關工作者、病毒學家，但其中出現了一個異類——一個名叫吉兒．安德魯斯（Jill Andrews）的婚紗設計師。吉兒沒有把自己侷限在小框框裡，而是展現出無懼的精神，她的說法是：「工程原理都是一樣的。如果你能造出胸罩，同樣也能造橋。」她不畏懼走出自己的泡泡，跑去約翰霍普金斯大學參加週末的「黑客松」（又稱為程式設計馬拉松）活動，結果她的無懼舉動造就了一項偉大的創新，而這正是無懼之舉常見的結果。

吉兒和約翰霍普金斯的團隊一起打造出一款連身的伊波拉防護服，背後有拉鍊方便穿脫，面罩加大，並且加上一個小型的電池式風扇把空氣吹入頭罩內。他們的設計在一千五百個提案中脫穎而出，贏得美國國際開發署（USAID）提供的可觀獎助金進一步開發這套防護衣。不過首先，吉兒把她的作品帶到了紐約時裝週，Jhpiego、國際救援委員會（International Rescue Committee）和奇異基金會（GE Foundation）特別聯手為這件防護衣打造了一個期間限定的展示空間。吉兒一直夢想能在時裝週展出自己的作品，但怎麼也沒想到獲選的會是救命用的防護衣。我期待這種跳脫框架的思維能持續激發出下一代的防護衣，吸引更多人投入創新，保護那些照顧伊波拉患者的人。

吉兒的故事讓我們看到，有時候，你所尋求的答案存在於你的圈子之外。若能敞開胸懷，締結看似不可能的夥伴關係，就能得到新的工具與方法去解決問題，原本不可能的挑戰也會變成可能。梅琳達．蓋茲二〇一六年發表的TED演說〈非營利組織可以從可口可樂學到的東西〉重申了相同的事實。她提出一個發人深省的疑問：「到處都有可口可樂。事實上，當我去到開發中國家，就感覺到可口可樂是無所不在的。所以當我從這些旅程回來的時候，我就在思考關於開發計畫的事情，還在飛機上的時候就在思考，當我們忙著發送保險套，或者要他們去接種疫苗的時候，可口可樂的成功會讓我們想停下來思考一下：他們是怎麼做到把可口可樂送到這些偏遠的地方？如果他們做得到，為什麼政府和非政府組織做不到同樣的事？」所以透過和可口可樂以及「最後一哩專案」（Project Last Mile）合作，把拯救人命的疫苗送到非洲偏遠地區，讓蓋茲基金會和其他夥伴得以跨越先前跨不過去的鴻溝。

當你願意去聽那些你不認為正在做對的事情的人說話，並且與他們對談，改變就會發生。

——珍・古德

看似不可能的夥伴關係所能產生的力量，有一個在我生命中非常有意義的例子發生在二〇〇三年，小布希總統政府邀請我參加在白宮羅斯福廳舉行的一個小型集會，討論愛滋病毒流行的問題；當時非洲感染愛滋的六千萬人當中，已有超過兩千萬人死亡，留下一千四百萬孤兒。小布希總統邀集了私部門和宗教界領袖，企圖為一個新的大型計畫爭取支持，這個計畫採用ＡＢＣ三步驟，類似於在烏干達試行已有成效的方案，其中A代表「節慾」（Abstinence），B代表「忠實單一性伴侶」（Be Faithful），

C代表「使用保險套」（Condom）。

要爭取到這一群人的支持可真不容易，右派對宣揚使用保險套有意見，尤其是反對控制生育的天主教領袖；左派則認為，與其花錢做預防宣導，不如把資金投入治療，特別是勸導禁慾這一項措施被他們嗤之以鼻，認為既無效又道學。更棘手的是，最早在雷根總統任內實行的「墨西哥市政策」（Mexico City Policy），禁止聯邦政府提供資金給支持墮胎的非政府組織，這條政策一直是共和與民主兩黨之間的拉鋸戰，在此左右派人士再度對槓，爭執該不該擴大這條政策的適用範圍，禁止資助那些在非洲提供對抗愛滋病服務的組織。

雙方各自堅持己見。這群人當中，有美國天主教會領袖、禮來藥廠（Eli Lilly）的執行長藍道爾．托比亞斯（Randall Tobias），以及代表基督教右派的查克．科爾森（Chuck Colson），他因為尼克森總統水門案中的非法活動而入獄，之後一手創立了更生團契（Prison Fellowship）這個宗教團體。與會的還有凱特．卡爾（Kate Karr），她是伊莉莎白葛列瑟兒童愛滋基金會（Elizabeth Glaser Pediatric AIDS Foundation）的執行長，這是最重要的愛滋病組織之一，創辦人伊莉莎白．葛列瑟因為在生產時輸血而感染愛滋，結果她生下的女兒死於愛滋病，她本人則在短短幾年後因愛滋辭世。此外，重要的白宮幕僚也列席會議，包括我的好友約書亞．波頓（Joshua Bolton），他後來成為小布希總統的幕僚長。

如此千差萬別的一群人要怎麼達成共識？一開始，這看起來像是不可能的任務。這些人不僅代表著恰好相反的意見派別，更確切地說，他們幾乎沒有曾經共處一室的經驗，隨便哪個人走進來都可以感覺到氣氛緊繃到極點，一觸即發。然而緊張歸緊張，「必須做些什麼」的迫切需求，還是讓所有人留下來繼續參與對話。

儘管如此，談判依然僵持。然後有人說了一段話讓大家停下來思考：「就在我們說話的這一刻，人們持續死去。女人、小孩，非洲的一整代年輕人正以驚人的速度消逝。不能這樣下去。除非我們能夠同意合作，找出前進的方法，否則我們不能離開這個房間。」這段話換來了長長的沉默，其影響力開始發酵，房間內的氣氛隨之改變。慢慢地，交談的內容開始轉向「或許可行的做法」。會議結束前，我們已得出了具體的步驟，同時深刻體會到在此沒有輸家或贏家，只有一群具有同情心並且想要把事情做好的人，我們願意彼此合作，即使合作意謂著沒辦法得到想要的每一樣東西。

後來我和其他人一起見證了小布希總統簽署「愛滋病緊急救助計畫」（ＰＥＰＦＡＲ），承諾投入一百五十億美元（約合台幣四千五百萬元），預防和治療雙管齊下。若沒有雙方人士表態支持，這個計畫很可能無法在國會過關。二〇一七年搖滾天團U2主唱波諾（Bono）造訪小布希位於德州的牧場，感謝他簽署了ＰＥＰＦＡＲ對抗愛滋病。

波諾在一次訪談中，描述了看似不可能的合作關係能夠產生猶如發電的效果，贏得立場對立的政治人物支持。他說：「政府不怕搖滾明星和從事社運的學生，他們早就習慣我們了。但是足球媽媽和教會人士就會讓他們緊張。好啦，當足球媽媽和教會人士開始跟搖滾明星和社運份子搞在一起，這下絕對能引起他們的注意。」

波諾的評論和本章中的其他故事同樣切中要害。為了要被看見、被聽見，有時候你必須找到讓所有人跌破眼鏡的盟友。在這個時代，有太多人龜縮於自己的角落，無懼的創革者必須走到競技場的正中央，召喚其他所有人加入。

# 18 一起變更好

我加入美國線上的時候還不滿三十歲，在高層主管當中包括我在內有兩名女性。那是一個能人彙集的優異團隊，我們每個星期聚在一起討論各自的職責，釐清公司的方向。在本書前面的章節我曾經提到過，我努力建立身為公司領導人的自信，但我心裡一直覺得自己不像其他夥伴那麼有資格，他們有些人自己開過公司，得到眾多表揚，或是擁有研究所學位，有些人則是擁有我欠缺的數十年經驗。

大部分時候我們彼此尊重，互動關係良好，但是有一段特別艱難的時期，高階主管團隊的氣氛有些緊張，摩擦增加。我們找了個顧問來幫忙，在諮商過程中，這個顧問要我們做邁爾斯職業性格測試（Myers-Briggs Type Indicator，簡稱MBTI），根據評估結果把人分成十六種類型。其中有一個類別是評估你屬於「思考型」（thinking），還是「情感型」（feeling），我們開始做測驗之前開玩笑說，既然我們是一家科技公司，當然希望大部分的人是「思考型」。結果整個團隊如意料中的全部被評為「思考型」，只有一個人除外……就是我。

大家應該可以想像得到我有多麼氣急敗壞，其他人還一直取笑我。但是接下來發生的事讓我永誌難忘。顧問解釋說，「情感型」並不表示你沒有在思考，「思考型」也不代表你沒有情感，這些分類只是顯示出，你在做決定時傾向重視邏輯，還是重視人。接著她告訴我們，最強的團隊兩種人都有，要是所有人都一樣，就沒辦法在做決定的時候看得更廣。然後她要求我們每一個人說出因為我們的不同而得到的益處，舉出實例說明，曾經有什麼樣的差異帶來了額外的價值。先前我們經歷過幾次痛苦的裁員，這個時候同桌的一些人開始說起，他們非常感謝我能看到裁員對員工、對公司文化造成的衝擊，讓整件事辦得更有尊嚴。我則指出，在我們不得不做一些決定的時候，同事們思路清晰的分析讓我受益良多。這個練習昇華了我們團隊的合作模式，產生了新的信任與了解，讓我們知道，儘管我們不一樣，但是「在一起會變更好」。

要改變我們與這個世界的互動模式，首先必須改變我們怎麼看待彼此。林－曼努爾・米蘭達（Lin-Manuel Miranda）創作的音樂劇《漢彌爾頓》（*Hamilton*）就徹底實現了這一點，所以我非常喜愛這齣戲。在美國人心中，有什麼比開國元老們一本正經的肖像更深植人心的形象嗎？林－曼努爾卻大膽採用嘻哈音樂和各種膚色的演員，來詮釋這些標誌性的人物，顛覆我們在鈔票上看熟了的嚴肅白種老男人形象。而故事的主角亞歷山大・漢彌爾頓是美國第一任財政部長，財政部長聽起來就不是什麼萬人迷的角色。

林－曼努爾創作《漢彌爾頓》的意圖並非刻意要離經叛道，而是他在閱讀羅恩・切爾諾（Ron Chernow）撰寫的八百頁巨著《亞歷山大・漢彌爾頓傳》（*Alexander Hamilton*）時，第一次發現到，原來漢彌爾頓是一個有才華有膽識的移民，一路從社會底層奮鬥至頂層。他在白宮預演這齣音樂劇當中的一首曲目時，對觀眾說，他認為漢彌爾頓是嘻哈精神的代表人物，所有人都笑了。但他並不是在開玩笑耍幽默，而等到他表演完這首現在大家耳熟能詳的開場曲之後，所有人都同意他的觀點。

《漢彌爾頓》改變了美國的文化地貌，首開先例由非白人來扮演華盛頓、傑佛遜、漢彌爾頓這些開國元勛，反映了美國現今多元的面貌。在百老匯觀賞完這齣音樂劇以後，我深深慶幸自己生活在這麼豐富多元、這麼有包容力的時代與國家。

＊＊＊

我前面提過，二〇一五年麥肯錫的《多元化至關重要》報告指出，多元化讓公司更有生產力、賺得更多，二〇一八年規模更大的《翹動多元化的潛力》（*Delivering Through Diversity*）研究報告發現，很多公司把包容和多元視為一項競爭優勢，更確切地說，是視為推動成長的一項因素。麥肯錫調查了十二個國家的一千家企業，發現性別與民族多元性和盈利能力直接相關，欠缺多元性的公司普遍表現較差，落後於同業百分之二十七。

美國的大公司開始注意到多元化的重要，意識到有必要集結不同觀點和不同背景的人們，現在這些大公司的組成份子也反映出他們為此所做的努力。根據勤業眾信（Deloitte）的職場多元化與包容性研究報告，具備包容文化的組織達到或超越財務目標的可能性是其他公司的兩倍，展現創新和敏捷反應的可能性是六倍，獲得更佳商業成果的可能性是八倍。二〇一八年《富比士》（*Forbes*）首度公布了多元化最佳雇主排行榜，第一名的企業有些出人意料：芝加哥的北方信託（Northern Trust）投資管理公司，這家公司有一萬七千八百名員工，頂層主管當中百分之三十八是女性，董事會成員有百分之二十三是非裔美國人。

我們的「無意識」（unconscious）是一部巨型電腦，安靜無聲地咀嚼著能夠得到的所有資料，包括我們曾經有過的經驗、見過的人、學到的教訓、看過的書和電影等等，然後形成意見和看法。

——麥爾坎・葛拉威爾

在多元化之路領先的公司得到的褒獎形成一股推力，助長更全面的改變。但是儘管「多元化很重要」已逐漸成為一種共識，為何還有這麼多企業在這條路上落後？調查研究顯示，女性和有色人種較難取得新公司成長所需的資本、支援和人脈。如果我們無法讓所有立志創業的人取得相同的優勢，很有可能會就此扼殺接下來的偉大創新。

讓我們來看一下赤裸裸的數字：近年來接受創投資助而成立的公司當中，只有一成的創辦人是女性，非裔美國人的比例更只有不到百分之一。四分之三的創投資金集中在三個州：加州、紐約州和麻州；換句話說，全國其他地方要搶食剩下四分之一的大餅。事實上，不受金主們青睞的其餘四十七個州，已孕育出數百家《財星》五百大企業，證實了成功的企業可以在任何地方打造出來。

目前的數據顯示，在創業家當中成長最快的區塊是女性，非裔美國人和西班牙裔緊追在後。女性擁有的公司成長幅度是美國平均值的一點五倍，非裔美國人擁有的公司成長幅度則是百分之六十。（非少數族裔擁有的公司成長幅度只有百分之九。）有很多證據顯示，這些公司的表現往往超越同儕，一家創投公司就發現，其資助的公司當中，由女性領導的新創公司比全部都是男性的創業團隊績效高出百分之六十三。所以說，今日有超過九百萬家由女性領導的公司，實在是好事一樁。

談到投資有前途的新公司，在這方面，我們有機會透過拓展投資的範圍來活化經濟。或許第一步該做的，就是改變我們對成功的樣貌的認知。大概兩、三年前我在凱斯基金會開會的時候，有人提議用Google圖片搜尋「成功的創業家」，結果跑出了一整頁年輕白人男性的照片。沒有女人，沒有有色人種，一個也沒有。而且裡面也不全是知名創業家的照片，有些根本是圖庫照片。就是在那一天，我們決定要分享所有背景的創業家故事，讓大家認識到偉大的創業家來自各地、各種性別、種族和背景。

為了幫更多人開啟通往成功的大門，我們首先必須承認「無意識偏見」確實存在，你有，我也有。為什麼這很重要？因為我們逐漸認識到，拿到創投資金的人同質性偏高，很可能就是無意識偏見在搞鬼，尤其是前百大創投公司的投資合夥人當中，百分之九十三是男性，而且絕大多數是白人男性。想像一下，不是男性或不是白人的創業家，對著整桌和自己屬於不同族群的投資人做募資簡報的時候，能夠自在到哪裡去？如果投資審核團隊全部都是白人，遇到和他們不一樣的人針對和他們不一樣的族群所提出的創新提案，又是否真能了解其潛在價值？

我們必須讚美那些把包容性納入投資評估標準的創投家。在某種程度上，這可以說是常識，但同時也是明智的商業決策。女性是大部分消費採購的決定者，所以當投資人在考慮一項新產品的時候，如果能聽取更能代表潛在市場的消費者意見，豈不是更有幫助？

有愈來愈多領袖站出來，號召我們所有人一起創造一個更兼容並蓄的世界，其中之一是我的好友梅樂蒂．賀布森（Mellody Hobson），她是艾瑞爾投資公司（Ariel Investments）總裁，這是全球最大由少數族裔經營的投資公司。為了打破無意識的偏見，身為非裔美國人的梅樂蒂建議我們用「色勇」取代「色盲」，亦即刻意邀請那些看起來跟我們不一樣，或是生活方式與我們不同的人參與討論。她的公司秉持這樣的投資原則，避免投資於領導群和董事會成員欠缺多元性的公司。艾瑞爾本身就是多元化的榜樣，員工百分之五十一是女性，百分之二十七是非裔美國人，百分之二十是亞裔和西班牙裔。

梅樂蒂是一位不同凡響的女性，心地善良又堅強，才華橫溢，而且成就讓人驚嘆。（幾年前「女漢子」這個詞剛出現的時候，我問我的女兒那是什麼意思，她們笑著解釋給我聽。幾個星期後我遇到梅樂蒂，頓時秒懂。）但就連梅樂蒂這樣的人也曾遭遇偏見，她在ＴＥＤ演講中說了一個發生在二〇〇六年的故事，她為了協助同為非裔美國人的朋友哈羅德．福特（Harold Ford）競選參議員，打電話給一個任職於紐約大媒體公司女性朋友，說服她幫福特安排一場媒體編輯午餐會。梅樂蒂敘述當時的情況：「我們來到接待處，說：『我們來參加午餐會。』接待員示意我們跟她走，我們穿過一連串的走廊，最後發現我們來到一個空蕩蕩的房間，然後她看著我們說：『你們的制服呢？』就在這個時候，我的朋友衝進來，整個臉色發白。徹底無語了，對吧？我看著她，說：『現在妳不覺得我們在美國參議院需要不只一位黑人嗎？』」

美國人的才智讓我們得以享有今日的生活品質，倘若我們能把握這個機會讓創業精神普及至全民，打造更有包容力的企業，將能強化我們的經濟體質，讓來自任何地方的每一個人都能有公平的機會追逐美國夢。這意謂著必須勇敢無懼地打破現狀，不只是商業活動，而是整個文化都必須改變。

大指揮家祖賓．梅塔（Zubin Mehta）曾經說過，管弦樂團中沒有女人的容身之地。幸好不是人人都同意這句話。一九五〇年代，波士頓交響樂團第一個想到讓表演者在布幕後演奏進行甄選，評審看不到演奏者，只能完全依據演奏表現來做出評斷。其他樂團紛紛跟進，今日大部分樂團都採用這種盲選的形式。一些相關的研究結果並不讓人意外：第一輪預賽採用盲選時，女性晉級的可能性提高百分之五十；如果每一輪選拔都採用盲選，女性出線的可能性是三倍。今日所有管弦樂團的席位當中，女性的比例已過半。

＊＊＊

一個全部由捕手組成的棒球隊可能很有團隊精神，但是在球場上的表現大概會很糟。

——莎拉．艾里森（Sara Ellison），麻省理工學院（ＭＩＴ）

身為女人，而且剛開始工作就投入由男性主宰的科技業，我切身深刻體會到了女人要爭得一席之地必須面對的挑戰，所以我對無懼的女性故事總是特別有興趣。

當我聽到史蒂芬妮．雪萊女爵士（Dame Stephanie Shirley）的故事時，第一個念頭是：我怎麼會從來沒聽過這個英國早期軟體銷售先鋒的故事。雪萊出生於維也納，她是「兒童救援」（Kindertransport）計畫的受惠者，當時英國同意收容猶太難民兒童，從納粹手中救出了將近萬名孩子。雪萊抵達英國時才五歲，她談到往事時說：「我能活著，完全是因為很久很久以前得到了善心陌生人的幫助。」

她很小的時候就立定志向：「活出值得被救的人生」。她熱愛數學，雖然她念的女子學校沒有教數學，但她得到允許前往附近的男校上數學課。之後她決定不上大學，開始找工作，第一份工作是在倫敦的郵局研究站（Post Office Research Station）從零開始建造電腦以及寫程式碼。她對科技的興趣日漸增長，花了六年的時間上夜校，拿到了數學優等學位。

一九五九年，雪萊創立了自己的軟體公司「自由程式設計師」（Freelance Programmers），而且雇用的員工以女性為主，其中很多人因為結婚生子曾經一度離開業界。（雪萊另一個非常有遠見的做法是允許員工在家工作。）她的創社資本是六英鎊，以那個時候的匯率換算差不多是十七美元。公司的市值在她的帶領下成長到數億美元，她在六十歲的時候退休，專心從事慈善事業。為了在男性當道的科技領域取得助力，她使用男性化的署名「史蒂夫」（Steve）。現在已經八十多歲的雪萊依然極具幽默感，她說：「從頭型就可以看出一個女人是不是有雄心壯志，老是被那些自以為高人一等的人拍頭拍到頭頂扁扁的就是了。還有，我們的腳比較大，大到搆不著廚房的水槽。」

另一個我很喜歡的故事是凡爾妮斯・阿莫（Vernice Armour），她被暱稱為「飛行女」（FlyGirl），是美國海軍陸戰隊第一位非裔女性海軍飛行員，也是美軍第一位非裔女性戰鬥機飛行員，從飛行學校畢業時，她在兩百名學員中拿到第一名的好成績。她在二〇〇三年進攻伊拉克行動中駕駛超級眼鏡蛇攻擊直升機，在伊拉克戰爭中總共出勤了兩次。其實早在加入海軍陸戰隊之前，凡爾妮斯就一直在累積各種「第一」的頭銜。從軍前，她在田納西州首府納許維爾（Nashville）當警察，是摩托車隊中第一個非裔女性。退役後，凡爾妮斯開設了ＶＡＩ諮詢及培訓服務公司，鼓勵其他人找到自己的突破點。

二〇一六年我受到哈佛商學院校友會的邀約，和芭芭拉・哈克曼・富蘭克林（Barbara Hackman Franklin）一起主持「女性歷史月」的一場討論活動。富蘭克林本身是哈佛商學院一九六四年的畢業生，那是第一屆招收女性的班級。她對於開啟女性被委以重任的大門功勞卓著，讓人意外的是，這一切的契機是尼克森總統。

講到歷史上重要的女權鬥士，大概很少有人會把尼克森列入名單內。但是一九七二年八月《新聞週刊》（*Newsweek*）宣稱，「在華府為女性運動出力最多的人很可能是理查．尼克森」。可惜之後尼克森總統由於水門案辭職下台，他對於提升女性在政府內地位所做出的貢獻因而被埋沒，而協助他的人像是富蘭克林，也因此沒有得到相對應的認可。

事情是這樣的，一九六九年初，尼克森剛上任一個月，在媒體記者會上有隻手高高舉起，這隻手的主人是坐在第三排的記者薇拉．格雷瑟（Vera Glaser），她提出的問題引發的漣漪遠遠超出了他們身處的房間之外：「總統先生，目前為止您已經任命了大約兩百名高階內閣長官和其他行政官員，其中只有三名女性。請問總統先生，我們是否能期待女性的能力得到更平等的對待，或者我們只能繼續被漠視？」

有些人笑出聲來，但是總統的態度轉為嚴肅，他說：「我並不知道只有三位女性得到任命，不過我保證我們會盡快修正這種不平衡的現象。」

於是，當時任職於第一國家城市銀行（花旗銀行前身）企業規劃部門的芭芭拉．哈克曼．富蘭克林被請到華盛頓來領導新的「白宮女性招聘計畫」。多虧了勞苦功高的富蘭克林，僅僅一年後，頂層官員的女性人數增加為三倍，而在聯邦政府人力裁減達百分之五的期間內，有超過一千名女性被雇用或得到升遷，其中很多在公職一待就是幾十年，例如伊莉莎白·韓福德·多爾（Elizabeth Hanford Dole）在聯邦貿易委員會任職七年，後來又被選為北卡羅萊納州聯邦參議員；還有司法部民事司長卡拉·希爾斯（Carla Hills），她後來在福特總統任內擔任住房與城市發展部部長，在老布希總統任內擔任美國貿易代表。

一般的推想是，隨著高階職位的女性人數增加，整個曲線會持續攀升向上。但這並非天經地義的事實，追求平等的戰鬥有可能是進兩步、退一步。在我撰寫這本書的此刻，美國國會席次中女性僅占百分之十九，而且這個數字近年來陷入停滯，儘管即將舉行的選舉中，女性候選人的比例屢創新高。另一方面，歐巴馬總統領導的內閣是美國史上最多元化的內閣，但是到了川普總統又退回成為三十年來最不多元化的內閣。

無論如何請記住，有時候突破之所以能夠發生，是因為某一個女性提高了音量到足以讓事情動起來。當人們認為，多元化不僅是一件好事，更是能夠發揮最大效益的明智策略（事實數據已證明了這一點），那麼改變就會發生。

# 19 結盟力量大

我在二十出頭踏入科技業的時候，這個產業有時候感覺像是拓荒時代的蠻荒西部。沒有地圖可以指引方向，我們一群稀奇古怪的人湊在一起，彼此互助求生。

一九七一年微處理器問世後，個人電腦主要是由科技迷自行打造，這些喜歡自己動手做的科技迷會購買套件，土法煉鋼組裝出自己的電腦。到了我踏入科技業的一九八〇年代時，情況已經有了改善，但是要提供讓人滿意的上網體驗（所謂滿意，是指依照當時的標準）仍舊是個大工程，需要購買一長串昂貴複雜的裝置，包括：

＊桌上型電腦或個人電腦，價格從五百九十五美元（當時最流行的 Commodore 64 康懋達電腦）到兩千四百九十五美元（第一代麥金塔電腦）不等。

＊顯示螢幕（在那個年代螢幕並非標配）。
＊軟體（早期的個人電腦不一定有內建硬碟或儲存裝置）。
＊數據機。
＊付費購買網路服務。

那個時候我們唯一能肯定的是：我們必須彼此互助。沒有電腦，軟體就無用武之地；沒有吸引人的應用程式，電腦形同虛設；沒有數據機，就不可能連上網路……依此類推，環環相扣。這意謂著要推動這個產業成長，不僅需要結成同盟，更必須主動出擊締結聯繫，加速產業進程，改善營運模式並且持續創新。因為如此，早期的個人電腦和線上服務市場的一大特徵就是互相合作，關係可能比今日更緊密許多。我們的偉大夢想就是把全世界連結在一起，只要動動指尖，人們就能互相交流溝通，或是找到需要的資訊。

在那個早期階段，我的職稱是「聯合行銷經理」，工作內容是在國內到處跑，拜訪電腦公司、軟體公司、數據機公司和電話公司，在軟硬體公司之間牽線，打造搭配網路服務的配套合約——當然最好是採用我們家的服務。

後來我跳槽到美國線上，我們擴展觸角，締結看似不可能的夥伴關係：奧馬哈牛排（Omaha Steaks）販售的知名冷凍牛排搭售美國線上的軟體，或是美國改裝房車系列賽中出現美國線上的賽車並贈送軟體。內容方面也有許多讓人驚喜的盟友：全美拼布愛好者在拼布論壇踴躍發言，和魯卡斯影業（Lucasfilm）合作產出了最早的一款互動線上遊戲，還有《時代》雜誌和美國線上合作，在葛理翰牧師（Billy Graham）七十五歲生日時，舉辦了我們值得紀念的第一場全國線上會議。

美國線上教會我的事情當中，最持久的一個教訓就是，透過合作或結盟善用競爭對手的能力。你沒看錯，是競爭對手沒錯！一九九〇年代中，微軟（Microsoft）是美國線上的一大威脅，因為微軟的作業系統獨霸市場，所以微軟的選擇將大幅左右成敗，沒有被納入配套的產品及服務想要成功簡直難如登天。當時有消息說，微軟正在開發自己的連線服務，打算搭售 Windows 95 作業系統，這件事讓美國線上非常關切。我們知道微軟有這個市場力量對電腦製造商施壓，要求獨家推廣微軟的線上服務，把美國線上排除在外。長話短說，最後我們成功讓微軟搭售美國線上的服務，因為我們同意使用微軟的瀏覽器作為會員登入網路的介面。結果成了互相搭售，兩個競爭對手互相推銷對方的產品。

同樣的，等到一九九三年消費者上網終於成為合法的事（是的，在此之前只有學術機構、政府機關和科學研究組織可以合法連上網路），美國線上開始建造通往全球資訊網（World Wide Web）的橋樑。我們導入的一系列初步配套措施包括搜尋引擎，讓我們的會員能夠使用美國線上的服務在網際之間遨遊。然後我們發現有一家叫做 Google 的後起之秀直接對消費者提供自家搜尋引擎。我們知道必須採取行動，於是敲定合約採用 Google 作為美國線上的官方搜尋引擎；Google 給我們的回報是百分之五的持股以及收入分紅。在這個案例中，我們同樣沒有把精力投入對抗競爭對手，而是「加入」他們。結果是，我們的顧客得到更佳的搜尋體驗，而且後來 Google 公開上市時還讓我們賺了一筆外快。

有些人可能會指著比較近期的發展說，但是美國線上在二〇〇〇年和時代華納（Time Warner）的合併最後以失敗告終，是不是因為走得太遠太超過了？我個人的觀點是這樣的，這是正確的策略結盟，但是遇到錯誤的團隊結合。商業夥伴和大多數的關係一樣，歸根結柢關鍵在於人。以美國線上和時代華納的例子來說，雙方固執己見，無法文化交融。有一句很有名據說是管理大師彼得．杜拉克說的話：「文化把策略當早點吃」，意思是企業文化的影響力遠勝過策略。當你向外走出泡泡時，別忘了評估一下你要合作的對象和文化，把這些列入考量。

科技革新已徹底改變了今日人們思考、工作和組成群體的方式。勤業眾信麾下的莫尼塔研究院（Monitor Institute）專門與社會影響力組織合作，他們把這種新模式稱為「維基百科式的工作方式」，意思是工作模式更開放、透明，決策權下放分散，並且由社群媒體推動集體行動。

＊＊＊

在策劃專案或活動時，切記要盡量檢視整個光譜，找出可能的盟友，避免緊抓著慣例名單不放。有個不錯的方法是畫一系列同心圓，圓心是有最大共同利益或市場的潛在夥伴，然後向外推，一圈圈找出還有誰可能對你的目標領域有興趣。

舉例來說，在民權運動中馬丁．路德．金牧師（Reverend Martin Luther King Jr.）以及同時代的人首先動員美國南方的黑人，然後再轉而爭取北方白人的支持。哈維．米爾克（Harvey Milk）在舊金山發起LGBT運動時，一開始是從卡斯楚街（Castro Street）的同志社群入手，接著擴及舊金山灣區的自由開放派異性戀者。協助改變了五角大廈運作模式的軍事改革家約翰．博伊德上校（Colonel John Boyd）走的也是類似的路，首先提出初階官員的改革方案，然後是國會職員的改革案，再來是民選官員，最後才是最高階的將軍。

在考慮有哪些外部的人可以幫助你加速達成目標時，想一想誰能成為重要的盟友，甚至是可以幫你打拚的士兵，然後再想想看，還能加進哪些不那麼顯而易見的夥伴。賴比瑞亞的故事可以讓我們學到不少東西：十年內戰後，國家的健康基礎建設千瘡百孔，四百萬人口只有五十位醫生，鄉村地區幾乎完全無法得到照顧，即使是通常可以治療的狀況如難產，也會因為缺乏醫療照護而死亡。愛滋病毒則是另一個逐漸升高的危機。所以在二〇〇七年，有一群賴比瑞亞內戰的倖存者和美國醫療工作者聯合起來，組成 Tiyatien Health，在當地語言中的意思是「健康正義」。這個組織由彼得・盧科（Peter Luckow）掌舵，以僅僅六千美元（約合台幣十八萬元）的種子資金開始進行賴比瑞亞第一個對抗鄉村愛滋病的公眾計畫。他們在二〇一三年改名為「健康最後一哩」（Last Mile Health），點出了那些最需要照顧的地區，也就是賴比瑞亞的「最後一哩」。

單打獨鬥的話，「健康最後一哩」可能到現在都還難以滿足鄉村社群的需求，只能照顧到極少數一撮人。但是後來，隨著伊波拉病毒危機爆發，讓這個非營利組織意識到必須走出自己的小圈圈，同時必須擴大規模。於是他們找了一群不太可能的人選來擔任醫護人員——受感染社區裡的人。「健康最後一哩」拿到了賴比瑞亞衛生部的資助，在賴比瑞亞東南部的三十八間診所培訓了一千三百名醫護人員。有了政府當後盾，還有這批社區健康守護軍，現在他們有機會援助那些長久以來被認為「太難抵達而且服務成本太昂貴」的鄉村地區。

> **要兩個打火石才能生火。**
>
> ——露意莎・梅・奧爾柯特（Louisa May Alcott）

想知道成功的合作祕訣何在嗎？就是要靠「兩個打火石」激發出造福所有人的機會。約翰・杜爾（John Doerr）在其著作《OKR：做最重要的事》（*Measure What Matters*）講述了Google創立的故事，其中有一段描寫兩位共同創辦人謝吉・布林（Sergey Brin）和賴瑞・佩吉（Larry Page）：「謝吉充滿活力，機智活躍，固執己見，能輕鬆解決智力上的難題。他出生於蘇聯，後來移民美國，是位精明、富創意的談判者，也是個有原則的領導人。他從不停歇，總是盡力爭取更多成果，甚至可能在會議中趴到地板上做起伏地挺身來。賴瑞則是工程師中的工程師，父親是電腦科學先驅。他說話溫和但不按牌理出牌，還是個十足的叛逆者，胸懷大志，希望網際網路對大眾的意義能爆炸性成長。謝吉精心設計技術應用的商業模式，賴瑞則埋頭研發產品，想像一般人覺得不可能的事，可以說是腳踏實地但又天馬行空的思想家。」所以說，當我們看到 Google 創辦人的照片時，可能會認為不過就是兩個白種男人，但其實照片顯現不出的是他們兩人的差異，正是這些差異兜在一起，造就了今日美國最勇於變革的公司之一。兩個如此天差地別的人打造出了這個鶴立雞群的公司並非偶然。

我們知道，個別的強者若是聯手將能得到耀眼的成果，所以當我們看到政治領袖囿於黨派之見時，格外讓人痛心。而當政治領袖跨越黨派界線謀求更大的共善時，則是格外激勵人心，更不必說會有多大的效果了。

二〇〇四年底的大地震及海嘯重創東南亞十一個國家，小布希總統徵召了兩位前總統為賑災募款——他的父親老布希總統以及柯林頓總統。這兩人不僅分屬不同政黨，而且還有私人恩怨：柯林頓在一九九二年的總統選戰中擊敗老布希，斷送了他的連任之路；後來在二〇〇〇年的總統大選中，小布希又擊敗了柯林頓的副總統高爾。但是兩位前總統在這趟亞洲之旅中發展出深厚的關係，以致於後來小布希稱柯林頓為「我的異母兄弟」。他們造訪亞洲造成轟動，募得了數百萬美元的援助款。這一次的聯合任務大大成功，所以後來二〇一〇年海地震災後，歐巴馬總統再次派出柯林頓和小布希執行類似任務。

所有事實資料都告訴我們：在一起會變更好。這並不是什麼讓人意外的結論。我們每一個人都應該在尋找可以掌握的新契機時，問一問：「還有誰可以拉進來討論？」或是「有哪些獨特的觀點可以幫助我們避開盲點，擴大我們的格局？」

# 20 去吧，走出你的泡泡……每一天都要走出來

我們都有不自覺的偏見和盲點，干擾著我們對這個世界的看法。這些偏見在數不盡的方面影響我們的日常生活，時常讓我們以局外人的角度去看事情，而且往往是霧裡看花，被偏見蒙蔽而看不清楚。要克服這些盲點的唯一辦法，就是刻意去看、去體驗我們並不了解的東西。如同史蒂芬・柯維（Stephen R. Covey）在全球暢銷書《與成功有約》（*The 7 Habits of Highly Effective People*）建議的做法：先理解對方的立場，然後再想辦法讓對方了解自己。

如同外子與我在美國四處漫遊時所發現到的，當你走上不熟悉的路，就會看到原本並不知道存在於那兒的事物。這聽起來像是不證自明的廢話，但是知道是一回事，去做又是另一回事。

推動大賭注的同時，必須時常接觸與你不一樣的人，別忘了，聚集各種背景和觀點的多元化團隊有最優異的表現。所以你該從哪裡著手呢？首先可以列出你的團隊特質，想一想欠缺了什麼？如何讓現有的知識、經驗和能力更加完善？如果你才剛起步，務必要撥出時間，找那些可能提供新視角的人喝杯咖啡或吃頓飯聊聊天。團體或組織內則可以成立諮詢小組、增加新人，或是聘請顧問來填補缺口。重點是，不要害怕聽到讓你不舒服的意見。

另外，還要花心思去規劃尋找盟友，想清楚你要服務的對象，然後列出有交集的其他組織。有些可能很容易聯想，有些關聯可能沒那麼明顯，像是搖滾明星和總統，或是國家地理學會和二十一世紀福斯公司。

我們可以效法婚紗設計師吉兒・安德魯斯走出舒適圈，從局外人的觀點，為身在局中的人提供他們想像不到的解決方案。我們可以效法PEPFAR計畫背後的合作者，退一小步以成就更大的善事。我們可以效法梅樂蒂・賀布森，積極提倡多元化讓經濟表現更亮眼。我們可以效法美國線上與競爭對手結盟合作，也可以效法老布希和柯林頓，不計前嫌攜手改變世界。
今天你要踏出怎麼樣的第一步走出你的泡泡呢？

## 原則五：

# 讓急迫性打敗恐懼

# 21 把握時機

我們可以選擇採取緊急行動，或是選擇被緊急情況推著走。但是「白白浪費危機是很糟糕的一件事」這句話其來有自，當你的後背抵著牆壁沒有退路，當你的選擇有限或是時間緊迫，頭腦就會開始變得清明，連帶產生一種你自己可能都不知道自己擁有的勇氣。在激烈的交戰中，士兵表現出非凡的英勇，遇到災難時，普通市民做出英雄之舉，還有許多人在與時間賽跑的情況下完成了難以想像的英勇事蹟。這些人或許並沒有充分意識到要承擔的風險，也沒有去計算利弊得失，單純就是採取了行動。

本書前面章節介紹的很多故事都有急迫的成分在內。芭芭拉．范達倫知道退伍軍人需要更好的心理健康照護；歐內斯特．薛克頓在南極洲最險惡的環境遇險，他知道如果不採取行動的話，他和全體船員只有死路一條。不過危機情況不見得如此攸關生死存亡，布萊恩．切斯基和喬．傑比亞感受到的急迫是戶頭裡沒錢、房租繳不出來的窘況；瓦爾比派克的創辦人則是，需要盡速配一副價格不那麼昂貴的眼鏡。

個人或公司遇到危機時的行動，可以用來衡量這個人或這家公司是否真正勇敢無懼。幾乎每一家大公司都有「危機管理」策略，但是真正發生緊急事故的時候，會被世人記得的是這家企業所展現出的勇氣，而非其管理策略。

企業勇氣的一則代表性故事發生在一九八二年九月，芝加哥有四人因為服用摻了氰化鉀的泰諾解熱鎮痛膠囊（Tylenol）而死亡。嬌生公司（Johnson & Johnson）執行長詹姆斯．伯克（James E. Burke）毫不遲疑立刻下架所有泰諾膠囊，並且公開向大眾宣傳警告不要購買這項產品。（嬌生內部沒有人知道是誰對泰諾投毒，兇手至今仍未找到。）泰諾下架一事讓嬌生公司損失了好幾百萬美元，泰諾的市場佔有率從百分之三十八暴跌至百分之八。然而嬌生公司唯一關切的是拯救人命，其快速的應變行動無庸置疑做到了這一點。從長遠看來，伯克也拯救了這個產品。公司內有些人施壓，建議停掉泰諾，換個新名字重新上市，但是伯克拒絕了這個提議。取而代之的做法是，以新包裝重新打入市場，三層安全密封防止假藥摻入，平息了大眾的恐懼。其他藥廠也跟進採用更安全的防竄改包裝。泰諾的市場佔有率在一年之內恢復，嬌生公司成了危機管理的楷模。

我了解到勇氣並不是沒有恐懼，而是戰勝恐懼。

——曼德拉（Nelson Mandela），南非前總統

我自己是在職業生涯相當早期，就學到了關於企業勇氣和危機所能帶來的價值。那個時候，我們還是一家新成立的小公司，也就是美國線上的前身，我們公司花了超過一年的時間為蘋果公司開發網路服務，稱為 AppleLink，並且採用了蘋果的標誌。我們花了相當多的時間和資源研發軟體和後台技術，然而，這段合作關係從一開始就埋藏著隱憂，蘋果從頭到尾都不放心由另一家公司打著他們的名號提供產品和服務，

何況還是一家羽翼未豐的新創公司。然後有一天早上，我們最害怕的那通電話打來了——蘋果要撤銷交易。

外子在《第三波數位革命》中回憶接到電話的情況，他寫道：「就像是在同一個下午經歷了悲傷的五個階段全部階段。」要挽救公司的命運，我們的選擇有限，考慮到最後，我們決定用我們開發出的技術自行推出網路服務。史蒂夫說：「我們必須打造自己的品牌，靠自己做行銷來推動，靠自己付錢。」但是與蘋果的交易告吹，我們要從哪兒找錢來做這些事？經過與蘋果高層的一連串協商，我們拿到了三百萬美元的解約金，這筆錢放在今天抵不了很多新公司燒錢的速度，但在那個時候很夠用了。

我還記得那一刻的輕鬆感。是的，當我們完全靠自己邁出腳步時有些許害怕，但是切斷與蘋果暗藏隱憂的關係後，我們開始感受到一股新的活力和熱情，我發現自己竟然期待著每一天可能出現的新契機。那個時候，我的工作是統合傳播、行銷和品牌塑造，開拓這項新服務的規模。等到我們取了新名字「美國線上」，「讓美國上線」成了我們的口號。我們知道必須抓緊時間，因為我們的資金不多，產品等著問世。所以我們齊心協力完成這項任務，把握時機，讓急迫性驅散了所有殘餘的恐懼。

人生要嘛是場大膽的冒險，要嘛什麼都不是。

——海倫．凱勒（Helen Keller）

企業危機讓我們知道，急迫性能打敗恐懼、帶來力量，還有很多生活在艱困時代的勇者故事也能激勵啟發我們，他們在特殊時刻強壓心中的恐懼挺身而出，做出可歌可泣的事蹟。

我在本書前面提到過，我的外祖父母來自德國，我對他們敬愛有加。他們在一九二〇年代離開祖國，當時醜惡的納粹運動正開始成形。不久之後納粹黨掌權，利用第一次世界大戰後人民生活在困頓中的恐懼心理日漸壯大。小時候我開始學到德國歷史時，常常跑去纏著外公外婆東問西問：能不能教教我納粹黨為什麼會興起？能不能解釋一下，為什麼民眾看到了威脅卻不想辦法阻止，什麼也不做？眼看著同胞被押去集中營或被當街槍斃，怎麼會有這麼多人繼續默不吭聲？我的外公外婆並沒有答案，同樣的問題也讓他們困擾不已，不明白從前的祖國是怎麼了。

或許是因為我的家族和德國的淵源，所以我特別喜歡那些參與抵抗運動的普通人故事，他們或許是插手庇護遇到危難的人，或許是在別的方面貢獻一己之力，尤其是在二戰時冒著生命危險收容保護猶太人的故事更讓我動容。我開始大量閱讀關於那段時期的英勇和犧牲事蹟，其中有一本書《密室》（*The Hiding Place*）作者柯麗．天彭（Corrie ten Boom）的故事讓我感動至深。

第二次世界大戰剛開始時，柯麗．天彭五十出頭未婚，和父親及妹妹一起住在阿姆斯特丹。（或許因為我第一次讀到她的故事時才十來歲，所以很難相信這樣的人物能成為這種名垂青史的英雄。）柯麗參與抵抗軸心國的無懼行動並非深思熟慮的結果，而是始於一瞬間的英勇決斷，把握住了那一刻。有一天早上，柯麗正在家裡開的製錶店工作（她是荷蘭第一位領到製錶師執照的女性），她聽到對街傳來一陣喧鬧，於是從窗戶往外張望，看到了一個猶太鄰居被納粹軍官用槍指著推到街上，然後士兵們跑回他的店裡開始大肆破壞。這個嚇傻了的鄰居被單獨留在街上，柯麗急忙離開她的工作檯跑過去，一把抓住鄰居的手臂領著他匆匆穿過她的店面，上樓躲進她住的地方。

這個本能的舉動開啟了柯麗的雙重生活，表面上，她是個親切的大齡未婚女子，暗地裡則是反納粹鬥士。柯麗找人在臥室的一面牆壁後方造了一個隱密的藏身之處，足以容納六名避難者。她還建立了一套系統幫助她藏匿的人逃出阿姆斯特丹。在她的努力之下，數百名猶太人得以倖免於難。

整個戰爭期間柯麗持續進行祕密活動，直到一九四四年二月的某一天，她得了流感躺在床上，納粹士兵突然衝進來搜查。雖然老天保佑士兵並沒有發現那個密室，但是柯麗和父親、妹妹貝絲（Betsie）都被逮捕，先是被送到附近一座收押政治犯的監獄，老邁體衰的父親熬不過惡劣的環境在獄中去世了。然後柯麗和妹妹被送到惡名昭彰的拉文斯布呂克（Ravensbrück）女性集中營，在那兒，疾病、飢餓和沉重的勞役是每日常態，但是柯麗和日漸虛弱的貝絲依然盡己所能去幫助比她們處境更糟糕的人。到了晚上，獄中同伴們聚在一起聽貝絲誦讀《聖經》中希望的話語，這本偷渡進來的《聖經》是柯麗一直帶在身上陪伴她們度過苦難的精神依靠。貝絲不幸在一九四四年十二月身故，十五天後柯麗莫名其妙被釋放。她回到阿姆斯特丹和反抗組織重新取得聯絡，繼續她的地下任務，直到一九四五年五月盟軍收復荷蘭為止。

我十五歲時讀到柯麗的故事，一口氣就看完了整本書。不久之後，我得知《密室》被拍成電影，柯麗本人要來我們這邊的電影院，在電影上映前發表演說。我真不敢相信這是真的，我當然一定要去。當我看到高齡八十多的柯麗走上講台時，不禁熱淚盈眶。柯麗的一頭銀髮挽成一個圓髻，她的發言讓台下聽眾聽得如癡如醉。即使到現在，在我寫下這段文字的此刻，我依然非常清晰記得她的話多麼感人肺腑，深具啟發性。電影放映完畢後我有機會和柯麗打招呼，那是我一輩子不會忘記的經驗。她散發出一種內在美的光輝，猶如一座愛的燈塔。她親切溫和的態度掩蓋了內在的堅強與無懼，而我們知道，正是因為堅強無懼才使得她成為救了這麼多人的英雄。

＊＊＊

從前我問外公外婆的那些問題，其實我相信我們都知道答案是什麼，只是不願意說出口。現在大家都知道答案了：恐懼造成了沉默。恐懼造成了無作為。恐懼造成了粉飾太平的表象。

如同柯麗，也如同前面介紹過的許多無懼的創革者，我們往往在緊急事件向我們招手時面臨選擇：是要轉過頭去假裝沒事，還是要把握時機讓急迫性擊敗恐懼，做出一番名堂來。

一九六三年馬丁・路德・金牧師站在林肯紀念堂的台階上，發表了著名的〈我有一個夢想〉演說，呼籲終止種族隔離。他在演說中談到：「現在是非常急迫的時刻。現在絕非侈談冷靜下來或服用漸進主義的鎮靜劑的時候。」這是一段我們人人都應該奉為圭臬的金玉良言。

# 22 第一時間做出回應

國家遇到危難時，我們已習慣仰賴訓練有素的第一線應變人員。但若是這些人沒有在第一時間回應，我們該怎麼辦？有時候，我們會看到意想不到的人衝上前補位。

沃爾瑪（Walmart）零售帝國對傳統家庭式商店造成的衝擊，時常成為被抨擊的目標。沃爾瑪是全球數一數二的大企業，年營收高達數千億美元，財大勢大難免招人眼紅非議。但是一場毀滅性的颶風讓世人看清了沃爾瑪的真面目。

二〇〇五年八月二十九日，颶風卡崔娜（Katrina）襲擊路易斯安那州和密西西比州南部，紐奧良大半地區化為水鄉澤國。將近兩千人死亡，數千人受困於屋頂，或被困在臨時避難所內。前往緊急避難所超級巨蛋體育館（Superdome）的人，情況也沒有好到哪裡去，環境簡陋，食物和水都不夠。

聯邦緊急事務管理署（Federal Emergency Management Agency，簡稱為FEMA）是自然災害的官方第一線應變單位，他們低估了災情，斷然拒絕了全國各地伸出的援手。日子一天天過去，舉國上下只能不敢置信地眼睜睜看著新聞播報中的絕望景象。

沃爾瑪執行長小哈羅德・李・斯科特（Harold Lee Scott Jr.）知道沃爾瑪在災區的數百家店面可以提供援助。沃爾瑪不僅投入了龐大的資源救災，包括送出兩千五百台卡車份量的商品，斯科特還授權受影響地區的員工自行決定對當地社區最有益的做法，他下達給店經理的指示是：「你們有很多人必須做出超越職權的決定。請根據你當時所能獲得的資訊做出最佳決定，最重要的是，去做對的事。」

密西西比州韋夫蘭（Waveland）的某家分店出了一名勇敢進取的員工，她是助理店長潔西卡・劉易斯（Jessica Lewis），她開著推土機在店面殘骸中收集乾燥食品、衣物、水和其他資源，分送給附近居民。斯科特對她讚譽有加：「她沒有徵求總公司的許可。她只是去做對的事。就像我們其他數千名夥伴一樣，做對的事，我可以自豪地說，這是生根於我們公司文化的一項特質。」

颶風過後，斯科特要求公司高層和董事會仔細思考，沃爾瑪有能力做到哪些社會公益。他質問：「要是我們善用我們的規模和資源，讓這個國家、讓整個地球變得更好，讓所有人包括顧客、工作夥伴、我們的孩子，以及還沒有出生的未來世代，都能過得更好，會是什麼樣的情況？我們做得到嗎？是否符合我們的商業模式？要是很多人批評我們的主要原因，也就是我們的規模和影響力，搖身一變成為所有人的可靠盟友和同伴，就像卡崔娜颶風時的情況，又會怎麼樣？」

> 我對行動的急迫性深有體會。光有知識是不夠的，還要懂得運用；光有願望是不夠的，還要有所行動。
>
> ——達文西

任何一家公司或任何一個人都有能力在危難時挺身而出，讓事情有所不同。這也是華府名廚何塞・安德烈斯（José Andrés）的信條。

何塞稱自己是「新美國夢」的產物，他在二十歲時從西班牙來到美國，一心想要在廚師界大展所長，想要靠自己的手藝在廚房以外的地方也能有所作為。一九九〇年代初，何塞成為 Jaleo 餐廳主廚，這家位於華府的新開幕西班牙餐酒館很快成為華盛頓人的愛店。隨著主廚的名聲遠播，何塞和商業夥伴羅柏・威爾德（Rob Wilder）又在市內開了其他幾家餐廳。

我第一次見到何塞是在大約十五年前，他為「首都中央廚房」（DC Central Kitchen）主持一場募款活動，這個組織致力於對抗華盛頓的飢餓問題，何塞是董事會的成員。他的幹勁和狂熱引起我的注意，他可以這一秒高談闊論食物具有改變世界的力量，下一秒又動作流暢地為賓客手中的空杯注滿酒。

何塞改變世界的志向，使他在意料不到的情況下成為第一時間回應者。二〇一〇年，他造訪了遭受地震蹂躪的海地，回來以後成立了世界中央廚房（World Central Kitchen）。他說：「我們為人們烹煮膳食，展示給他們看看憑藉太陽的能量可以做什麼。」這些年來，他持續從事救災，這兩年休士頓、波多黎各、瓜地馬拉遭逢天災後，都可以看到他投入救災的身影。他認為食物有雙重角色，既是重要的營養來源，也是改變的媒介。抵達災區後，何塞第一件事就是建造一個臨時廚房，然後開始日復一日烹煮製備餐食，而且往往是在酷熱中工作。他會把工作情況錄影放在社群媒體上，以引起大眾關注並募款。對於提供協助的企業和非營利組織夥伴，他總是禮數周到地公開致謝。《華盛頓郵報》給何塞的封號是「美國救災第一人」。

何塞在波多黎各所做的事很了不起。颶風瑪莉亞（Hurricane Maria）過境造成斷電，食物和水嚴重短缺，何塞抵達島上後立刻動員了一支由廚師、公司行號和各行各業人士組成的軍隊，為災民提供食物，目標是火速上陣，盡可能供應餐食給愈多人愈好。何塞的團隊規模迅速擴大，從第一天僅有一個廚房供應一千份餐食，擴增到二十三個廚房一天供應十七萬五千份餐食，他們成了島上許多人的救命繩索。到最後，他們總共供應了超過三百五十萬份餐食，《紐約時報》稱世界中央廚房為「由一群廚師建立的最大緊急糧食供應計畫」。

就在何塞創立世界中央廚房的同一年，國務卿希拉蕊・柯林頓（Hillary Clinton）任命他為「全球乾淨爐具聯盟」（Global Alliance for Clean Cookstoves）的烹飪大使。據估計，全球有多達三十億人使用未妥善處理的柴火煮食或取暖，所產生的煙霧可能危害健康，造成感染或心肺疾病，甚至死亡。明火對地球環境的損害也十分驚人，包括森林面積減少，以及大量的碳被排放至大氣中。

何塞也積極參與前第一夫人蜜雪兒・歐巴馬（Michelle Obama）發起的「動起來」（Let's Move）計畫，這項計畫強調蔬果在健康飲食中的必要性，何塞為此開了一家新的休閒快餐（fast-casual）蔬食餐廳，店名故意取為「牛排」（Beefsteak），口號是「蔬活無限」。在這段期間內，他運用自己的影響力（他在二〇一二年以及二〇一八年兩度被《時代》雜誌列入全球百大影響力人士）對抗進一步限制移民進入美國的聲浪。

儘管如此成功，何塞依然謙遜。「我的名字是何塞・安德烈斯，我是一個廚師。」這是二〇一四年他在喬治華盛頓大學畢業典禮致詞時的開場白。他站在華盛頓紀念碑的陰影下，對畢業生說：「納普校長邀請我來畢業典禮發表談話的時候，我心裡想，為什麼要找一個廚師？連我的女兒都忍不住問：『他們是要找你致詞，還是要找你為畢業生做午餐？』」學生們哄堂大笑，為這個絕不僅只是一個廚師的男人傾倒。

何塞向畢業生講述新美國夢，勸告他們：「（新美國夢）不是擁有高薪的工作、住大房子、開好車。這些並沒有錯，但是新美國夢不只是追求這些，更重要的是如何在取得成功的同時，對這個世界造成影響。你為自己創造的東西，也必須要為別人創造。」

何塞體現出國家有難時我們經常會見到的那種大無畏精神，比方說二〇一七年加州大火時動員的志工，其中兩名年輕女性愛蜜莉・普特（Emily Putt）和希樂瑞・韓森（Hilary Hansen）搶救了因主人被迫逃離而留在原地的一百五十匹馬。比方說休士頓的小企業主吉姆・麥金瓦爾（Jim McIngvale），人稱「床墊麥克」，二〇一七年颶風哈維（Harvey）侵襲德州時，他開放店面讓數百災民避難。又比方說喬納森・史密斯（Jonathan Smith），他去拉斯維加斯參加鄉村音樂節，卻遇到美國近代史上死傷最慘重的大規模槍擊案，他幫助其他人逃難結果自己身中兩槍，脖子上的那顆子彈被醫生留在原位，因為怕取出會造成更嚴重的傷害。不管是在美國或全世界，在我們當中，每一天都能看到無懼、無私的舉動，讓我們心中升起希望，或許甚至能點燃我們的勇氣去採取行動。

＊＊＊

保羅．李克霍夫（Paul Rieckhoff）的人生印證了「計畫趕不上變化」這句話，他從阿默斯特學院（Amherst College）畢業後前往華爾街工作，後來他回母校對學生演講時說：「有一段時間，我擔心我這一代人將成為什麼重要事件都沒有的一代。沒有讓我們奮起的理由。」後來發生了九一一事件，在美國國民警衛隊（National Guard）擔任「假日戰士」的保羅志願從軍前往伊拉克，並在伊拉克服役至二〇〇四年。回國後，他發現美國並沒有準備好接納這些新一代的退伍軍人，從伊拉克和阿富汗戰場返回的戰士很快體認到，沒有人可以為他們發聲，爭取滿足他們獨特的需求和問題。

當保羅穿著軍裝走在阿默斯特的街上時，兩個他不認識的越戰退伍軍人走過來對他說：「歡迎回家，老弟。現在我們需要你再次服役。」這句話激勵他成立了「伊拉克與阿富汗退伍美軍協會」（Iraq and Afghanistan Veterans of America，簡稱IAVA）。

有很長一段時間，保羅感覺自己是狗吠火車，他體悟到，儘管整個國家在送士兵出征時愛國精神高漲，但是在士兵們負傷或帶著PTSD回到家鄉面對重新就業的困境時，眾人對他們已失去興趣。從十多年前成立至今，IAVA已躋身為提倡支持退伍士兵的最具影響力組織，會員將近五十萬人。保羅的使命就是把戰場的急迫感帶回國內，他的努力已大幅改變現況，一些成就包括就業方案、心理健康資源、輔導計畫以及社群建立方案。

九一一事件的急迫性促使保羅響應號召，轉換跑道。今日則是，曾經為國家無私奉獻的男男女女遭逢的急迫困境驅使他前進。根據我對保羅的認識，我敢說他會一直奮鬥到使命完成為止。

我們很容易把第一時間做出回應的人想成大膽、莽撞，以為他們比我們更勇敢。本章的故事告訴我們，不管是來自哪裡的任何人，都能在看到危機的時候第一時間做出回應。你是否觀察到了即將發生或者甚至是正在發生的危機？這個危機是否在召喚你跳進來用行動做出回應？

## 23 不要想太多或分析太多，做就對了

採取緊急行動和因循拖延的人之間的差異，已經有太多文章論述。或許耐吉（Nike）的知名廣告詞 Just Do It 間接傳遞的訊息是：「別花太多時間考慮。」這似乎和我們大多數人從小聽到大的教訓互相牴觸，想一想有多少次你被人提醒：「三思而後行」或「呷緊弄破碗！」無怪乎 Just Do It 有違我們的天性。

當我第一次站在高處準備高空彈跳時，我深刻領悟到這兩種訊息都有其道理。我的大腦在命令我：「別跳」，而這個命令顯然有充分的理由。我們想要大腦告訴我們不要去做危險的事，但我已經謹慎考慮過風險，我相信我會沒事的。於是倒數開始：「三、二、一」……我跳了下去。那是快要三十年前的事，當然結果是平安無事。

梅爾・羅賓斯（Mel Robbins）在她的著作《五秒法則》（*The 5 Second Rule*）中，建

議用「倒數法」去改寫大腦迴路，感到害怕、有壓力或是想要拖延的時候，「倒數五秒」是很有效的啟動方式。在這本書的開頭，羅賓斯描述生命中有一段時間她找不到起床的動力，然後有一天早上，她模仿起前一晚在電視上看到的火箭發射大聲倒數：「五、四、三、二、一」，數完之後她跳下了床。對羅賓斯而言，這是生命轉變的一刻。她在接受《*Inc.*》雜誌訪問時這樣形容倒數法：「憑勇氣採取行動的時候，大腦不會介入。你是在聽你的心說話……這五秒很重要，一方面觸發大腦快速行動的區塊，同時限制了大腦叫你放慢行動的區塊。決定了就去做。」她表示，觸發之後可以用接下來的五分鐘專注於你害怕去做的事情。「只要花五秒決定付出五分鐘，就能打破循環，證明你能扛下這個壓力。」

《快試錯，常失敗》（*Fail Fast, Fail Often*）作者萊恩・巴本諾（Ryan Babineaux）和約翰・克朗堡茲（John Krumboltz）在標題為「想太多會卡住」的段落中，探討了一系列研究，他們總結的研究結果是：「花愈多時間收集資訊和考慮選項時：

＊你會變得更困惑，更猶豫不決；
＊你更有可能會堅守現狀，忽視更好的選擇；
＊你更有可能受不重要的因素影響，做出偏頗的行為；
＊你會比較沒有精力去採取行動，沒有精力在遇到困難時堅持下去。」

他們得到的結論值得深思，或許可以讓那些別無選擇必須立刻採取行動的人看了以後安心一點。二〇〇八年的金融危機就是一個必須立刻行動的例子，那一年經濟直直落，通用汽車（General Motors）瀕臨倒閉，年底時負債已超過三百億美元（約合台幣九千億元）。小布希總統在卸任前批准了一百七十億美元（約合台幣五千億元）的短期紓困金援，但只夠勉強維持營運，無法解決危機。

二〇〇九年二月，新政權入主白宮後，通用汽車董事長里克．瓦格納（Rick Wagoner）前往華府會見歐巴馬總統的汽車特別工作小組懇求援助。若是任由汽車業破產，不僅意謂著通用和克萊斯勒（Chrysler）這些公司的數萬員工會失業，其供應商也會受到牽連。但是國會並不支持紓困方案，很多人認為，通用汽車的問題源自本身管理不善，而且私人公司應該自行承擔自己的選擇造成的後果。

歐巴馬總統和總統經濟顧問必須快速做出決定，最後他們決定賭一把，核准了八百五十億美元紓困金（約合台幣兩兆五千五百億元）給通用和克萊斯勒。沒人能夠知道這個大賭注的結果究竟會是無端消耗公帑，還是重振汽車產業。但是不行動的風險更大，所以急迫性打敗了恐懼。

謝天謝地，結果成功了。由於歐巴馬總統和財政部長提摩西．蓋特納（Timothy Geithner）願意採取行動，結果提振了經濟，挽救了美國的一個重要產業。但是正如同蓋特納所說的：「你不能根據結果來評斷某個決定是否正確，而是應該根據當時能夠獲得的資訊，來評斷這個決定是否合理。」

同樣的急迫精神，可以在歐巴馬總統及其團隊的另一個無懼計畫中看到：我兄弟的守護者（My Brother's Keeper，簡稱ＭＢＫ）。歐巴馬總統發起這個行動，是為了關切有色人種中男性青少年的成長，目標是確保所有青少年都有公平的機會充分發揮潛能。這項計畫帶動了公部門、私部門和非營利部門一起解決機會不均的問題，後來為了推廣並且永續發展這項任務，在二〇一五年成立了ＭＢＫ聯盟，然後在二〇一七年底，ＭＢＫ聯盟成為歐巴馬基金會的計畫之一。任職於我們凱斯基金會的麥可・史密斯（Michael Smith）先是被白宮找去協助領導這個計畫，現在則是ＭＢＫ聯盟的執行董事。（麥可協助規劃凱斯基金會創始的無懼計畫，對這個計畫的推廣出力甚多。）他特別適合領導ＭＢＫ聯盟，因為他自己的成長過程中克服了重重困難與不利因素。他極富創新能力，認識他的人都知道，他不遺餘力迫切想要解決社群中的問題，每一天都抱持無懼的精神投入工作。

Just Do It（去做就對了）的念頭比較容易在一時激動下產生，這是顯而易見的。但是有數不清的故事告訴我們，有些人即使並非身處在危機之中，依然秉持人溺己溺的精神跳進來造成改變。

一九五四年，柏莎・霍特（Bertha Holt）與哈利・霍特（Harry Holt）這對夫妻坐在奧勒岡州的一所高中禮堂內，不敢置信地聽著年輕的牧師鮑伯・皮爾斯（Bob

Pierce）博士講話。他最近成立了一個新的信仰組織叫做世界展望會（World Vision），因為他看到韓戰結束後聯合國撤軍，造成士兵和韓國女性所生的很多孩子被遺棄，其中很多士兵是美國人。皮爾斯博士放了一段讓人心痛的影片，這些無家可歸的孩子僅僅因為是「混血」而遭韓國社會排擠。

當時五十多歲的霍特夫婦經歷過經濟大蕭條，一路艱苦奮鬥過來，柏莎是護士，哈利則是農夫暨伐木工，他們在中西部經營農場失敗，搬到奧勒岡州後，改為經營鋸木廠得到了成功。一九五〇年哈利心臟病發作導致不良於行，於是賣掉了鋸木廠專心復健。哈利對自己能夠恢復健康心懷感激，他告訴柏莎，未來的日子他想要回報上帝對他的眷顧。

韓國棄兒的影像震撼了霍特夫婦，他們開始捐款給世界展望會，但那些孩子們絕望的影像依然在他們心中揮之不去。所以儘管他們自己有六個孩子，而且其中有些尚未搬出去獨立自主，他們仍然決定要領養八個韓國小孩。可是當他們進行文書作業時，卻發現有一條法律規定跨國領養每戶限養一個孩子。柏莎被告知要改變這條法律必須由國會通過法案，她的回答是：「那我們就讓國會立法吧。」

於是哈利前往韓國安排收養手續，同一時間柏莎在國會遊說推動立法。一九五五年俗稱為「霍特法」的法律通過，從此霍特家多了八個孩子，有新生嬰兒也有幼兒。然而他們並沒有就此止步，第二年他們在救世軍（Salvation Army）的一處產業內開設了領養機構，協助國內外的兒童收養。但他們發現，有殘疾或特殊需求的孩子不容易找到收養家庭，所以一九六一年底，他們用賣掉鋸木廠的錢在首爾破土動工建一座收容機構。不久之後哈利驟然辭世，柏莎獨自堅持下去並且獲得成功，一直做到二〇〇〇年她逝世為止。她被韓國人稱為「霍特奶奶」。

> 一小群堅定的靈魂因為對使命有無法熄滅的信仰而燃燒，這一小群人就足以改變歷史。
>
> ——聖雄甘地（Mahatma Gandhi）

二〇一七年我拜訪了位於首爾的這家收容機構，與我同行的一位密友本身就是透過霍特機構被收養的孩子。目前這家機構由霍特夫婦的女兒茉莉（Molly）經營，她已經高齡八十了。讓我特別感動的是，園區內紀念創辦人事蹟的「霍特紀念館」，入口處的牆面上貼了數千張小小的照片，那是長久以來被收養的孤兒們的照片，這些照片組成了三個英文字：Love in Action。我們漫步瀏覽館內陳列的重大紀事、故事和紀錄文件，見證了來自奧勒岡州尤金市（Eugene）的一對謙遜夫婦愛心關懷的付出如何改變了數萬人的人生。他們所做的遠超出了採取行動；他們開啟了一項運動。

＊＊＊

瑪塔．加布列－蔡迪克（Marta Gabre-Tsadick）為了改善衣索比亞人民的生活，奮鬥了數十載。她和丈夫狄姆．泰科－沃德（Deme Tekle-Wold）一起成立了「仁愛計畫」（Project Mercy）這個非營利組織，為伊索匹亞人民和來自非洲其他國家的難民提供食物、教育、職業訓練和健康照護。我和史蒂夫第一次拜訪瑪塔是在二〇〇四年，當時的急迫情況是飢荒正在全國蔓延。我是從我的朋友比利．沙爾（Billy Shore）那兒聽說瑪塔的事；比利是「共享我們的力量」（Share Our Strength）共同創辦人，他在美國募款援助衣索比亞當地的組織，我們也加入幫忙。我跟比利說，我想要更深入了解衣索比亞面臨的挑戰和機會，他只給了我四個字：「自己去看。」所以我們就去了。

我還記得那四個小時顛簸的車程，我們開在一條擁擠的泥土路上，一路閃避牛群和羊群，最後終於抵達遙遠的耶塔邦村（Yetebon）。一踏出沾滿塵土的卡車，我立刻被前來迎接我們的瑪塔吸引，她有一種由內散發而出的高貴氣質和美麗。

她從事慈善活動的漫長曲折歷史也讓我們敬佩。瑪塔在結婚育有二子後前往美國上大學，於一九五四年回國擔任衣索比亞外交部的局長，當時的皇帝是海爾．塞拉西一世。一九七四年內戰爆發，皇帝被新的共產黨政權軟禁在皇宮內，瑪塔、狄姆和他們的孩子受到生命威脅，被迫逃亡，在希臘度過數個月顛沛流離的難民生活之後，因為獲得印第安納州韋恩堡（Fort Wayne）一處社區的慷慨接納而得以進入美國，在那兒開始重建人生。但他們始終掛心那些留在家鄉的人，所以創立了仁愛計畫。

一九九〇年代初，衣索比亞共產政府垮台，瑪塔和狄姆回到故鄉，擴大發展仁愛計畫。他們建設了一個園區，經過多年努力，在園區內開設了學校、職訓中心、醫院和孤兒院。二〇一三年，美國參眾兩院的議員以及美國國際開發署署長前來訪視，見證仁愛計畫正在進行的重要工作。後來署長拉吉夫・沙赫（Rajiv Shah）宣布在四年內投入兩百萬美元（約合台幣六千萬元）擴張仁愛計畫的健康照護服務以及營養方案，並且盛讚瑪塔：「有健全的全人計畫，不是從慈善受益人的角度出發，而是把這些人當成共同奮鬥的夥伴，在衣索比亞發展出朝氣蓬勃的社群。只要見過像瑪塔和狄姆這樣的人，你就會知道未來的發展掌握在他們的手中，而不是在我們的手中。」

仁愛計畫的使命不僅是在發生飢荒時供應食物，或是每次遇到危機時想辦法解決。瑪塔說過：「要對抗貧窮，必須從很多不同的方向發動攻擊，然後連根拔起。如果辛辛苦苦教育了孩子，結果只是讓他們對市場上有限的工作選擇不滿意，那就沒有意義可言。我們不能只是在診所內治療營養不良的症狀，卻不去改善營養的攝取和農業生產。我們不能只是教導人們養成良好的衛生習慣，卻無視於人們必須從受汙染的同一處水源取水洗澡和飲用，而是要把乾淨的自來水送到每一戶家庭，唯有整個社區的經濟情況改善了才有可能實現。」

哈利和柏莎．霍特以及瑪塔和狄姆這些人是生活在急迫感中的典範，他們的努力可能跨越數十年甚至好幾代，但他們的急迫感並沒有因此而減少。經年累月下來，他們的行動交織構成超越單純善行的更偉大事物，成為推動社會運動的力量。

哈佛大學甘迺迪政府學院（Kennedy School）資深講師馬歇爾．岡茨（Marshall Ganz）曾經說過：「社會運動做的事情之一，就是想辦法讓重要的事情產生急迫感。」他在談的主題是氣候變遷，這當然是一件很急迫的事，但是由於氣候變遷產生的影響需要長時間才會顯現，所以容易被人忽視。

岡茨從事並研究社會運動數十年，他得到的一個教訓是：唯有道德急迫性能驅使個體行動。這種發自內心深處感受到的對正義與行動的熱情，常常伴隨著希望，也就是可能實現的感覺。岡茨說：「如果你去觀察任何社會運動的核心，會看到一群鞠躬盡瘁並且準備好承擔風險的人。一場運動為的不只是立法，本質上更是道德改革運動。」

在暗夜之中，我們每個人難免徬徨懷疑：「當時機到來時，我是不是有勇氣站出來採取行動？」然而，緊急時刻不只發生在風暴突擊隊來到你家門前時。

一九一〇年老羅斯福總統八年任期屆滿後，發表了一篇極富創見的演講，闡述只會抱怨批評的人和儘管害怕依然跳進去對抗逆境的人之間的差異：「榮耀並不屬於批評的人，亦不屬於指出勇者如何失敗，或點出別人哪裡應該做的更好的人。榮耀屬於實際身處在競技場中、臉上沾滿塵土與血汗，卻仍英勇奮戰的勇者；他們會犯錯，而且一錯再錯，因為錯誤與缺失必會伴隨努力而來；但是他們確切知道要奮戰不懈、知道要充滿熱誠、全心投入，獻身於崇高的志業。他們最好的結局是終於功成名就；就算失敗，最差的下場只不過就是在勇敢奮戰後落敗。他們的定位，絕非那些冷漠懦弱、不知勝利與失敗為何物的人所能相提並論。」老羅斯福總統的殷殷期許，相信所有聽到的人都會有所感悟。

知名教授、作家暨演講者布芮尼．布朗（Brené Brown）在撰寫《脆弱的力量》（*Daring Greatly*）時，心中想的就是老羅斯福總統的這段話。布朗時常強調，恐懼和羞愧造成讓人裹足不前的結果，她認為要實現大膽的挑戰，必須拋開自我懷疑，拒絕因為不確定而停下腳步。她寫道：「當我們等到自己夠完美或萬無一失時才上戰場，可能會犧牲再也無法挽回的關係和契機，浪費寶貴的時間，也等於放棄自己得天獨厚的才能，失去對這個世界做出獨一無二貢獻的機會。」

本章的故事讓我們看到，急迫性可以是強力的激發因素，促使人無懼地踏入競技場中。在你的生活中，有沒有什麼重要的事能夠成為督促你行動的急迫召喚？想一想瑪塔的故事，她受到威脅而逃離祖國，但並沒有因此洩氣或遠走高飛一了百了，反而帶著急迫感積極行動，謀求為其他人開創更美好的未來。霍特夫婦得知韓國有很多孩子前途甚至生死堪慮，於是義無反顧跳進來讓事情有了改變。老羅斯福總統名傳後世的演講提醒我們：即使遇到困難，即使遇到失敗和挫折，我們還是可以選擇英勇奮戰。我們每一個人都可以選擇讓急迫性打敗恐懼，讓急迫性推動我們向前邁進。

# 24 去吧，成為無懼的勇者

「選擇，比天賦更重要。」這是傑夫．貝佐斯二〇一〇年在普林斯頓大學畢業典禮演講中告訴學生們的話，這篇演說的主旨就是在談選擇採取行動的重要性。當我讀到這篇演講時，我知道他說的和「讓急迫性打敗恐懼」是同一件事。我印象最深刻的是他對畢業生提出了一連串尖銳的問題，希望他們深刻思考人生中最重要的一些決定，在此分享其中一部分內容：

你會如何運用自己的天賦？又會做出怎樣的抉擇？

你會讓惰性主宰你的生活，還是追隨內心的熱情？

你會墨守成規，還是勇於創新？

你會選擇安逸的生活，還是選擇冒險與奉獻的人生？

你會在嚴峻的現實之下選擇放棄，還是會義無反顧前行？

這些問題很適合大學畢業生，我在此分享這些問題是因為，凡是想要活得有意義的人都應該要問自己這些問題，並且找出答案。要成為做大事的人，第一步就是下定決心不隨波逐流過活。

我們每一個人都要為自己在這個世上留下的足跡負責。正在閱讀本書的你，我相信你有強烈的渴望要闖出一番名堂，想要做出不一樣的事，拒絕走平凡的路。選擇你的戰場吧！你可以透過商業活動、透過教育、藝術、社會運動、政治，從你的身邊開始推動改變。你可以自由選擇要在哪一條道路上發光發熱。

> 別懷疑，少數的有心志士便能改變世界。事實上從來就是如此。
>
> ——瑪格麗特・米德（Margaret Mead）

管理大師湯姆・畢德士（Tom Perters）的新作《卓越的股利》（*The Excellence Dividend*）談到傳統的組織太常仰賴仔細的研究分析然後才做出行動，年輕的組織則勝在急迫的行動力。他寫道：「沒有什麼偉大的計畫。根本就沒有計畫。起始點就是開始做。」所以就開始做吧，前進的方向就是畢德士建議的：嘗試最多事物的人就贏了。

如同哈佛商學院教授約翰・科特（John Kotter）所指出的，沒有人願意承認自己滿足於現況不思進取。大家都很忙，隨便問誰，他們都會舉出很多自己正在忙的事。但我們在本書中談的東西不一樣，需要一些英雄氣概。問問你自己：你能不能像柯麗・天彭以及其他人那樣，在別人有難時挺身而出？你能不能像沃爾瑪的潔西卡・劉易斯那樣，跳上推土機勇闖斷垣殘壁尋找補給品？你能不能仿效歐普拉和阿斯特羅．泰勒的精神，讓失敗成為你的良師？你能不能像何塞．安德烈斯那樣，為平常做的事賦予更偉大的使命？你能不能像霍特夫婦那樣，看見需求然後想到自己可以幫上什麼忙就去做，不瞻前顧後想太多？

你能不能大聲說出下面這些話：

就是我，我會找出這個問題的解決方法。

就是我，我會在急難時挺身而出。

就是我，我會在公司需要一點刺激的時候勇於冒險。

就是我，我會照顧弱勢的人。

就是我，我會在其他人沉默的時候說出意見。

就是我，我會傳述應該要流傳的故事。

就是我，我會大膽行動，儘管緊張害怕到心臟快要跳出胸口也不畏縮。

你能下定決心成為上面這種無懼的勇者嗎？偷偷告訴你，你不需要有驚人的天才、魅力四射或具備什麼特殊境遇。成為英雄的人不是因為他們有超乎尋常的能力或力量，而是因為他們看到急迫的事情時，選擇採取行動。

就是現在，讓我們所有人決定究竟是要瑟縮不前，還是要投入有意義的人生。我誠摯希望各位讀者能感受到發自內心的急迫感，以此為動力選擇站出來加入行動的陣容，回應你聽到的聲聲召喚。

# 後記　回到平凡

俗話說，當一扇門關上的時候，另一扇門就會打開。這句話通常用於比喻天無絕人之路，不過在這裡我要說的是，當飛機艙門在華府關上不久之後，在美國核心區一個感覺距離遠在光年之外的小鎮上，另一扇門打開了。

這是外子的主意，他建議我一個人回到我成長的小鎮去寫這本書。他絕對想不到我會在這個過程中墜入愛河。我愛上的不是新認識的某個人，當然啦，而是愛上養育我的這個小鎮，這個小鎮的點點滴滴構成了我的價值觀基礎，在許多方面形塑了我，使我成為今日的我，儘管迫於形勢，我在十多歲的時候就離開了這裡。

我回到平凡鎮是為了追尋人生大哉問的答案。我造訪了幾個親人的墳墓，除此之外，我已經沒有家人留在鎮上。不過我租的 Airbnb 住處就在以前外公外婆家拐個彎不遠的地方，讓我保持與過去的聯繫。我租了一台腳踏車用於寫作休息的空檔，每天我都會經過外公外婆家，默默點個頭打招呼。我並沒有去敲門向現任屋主自我介紹，光是待在保存如此多珍貴回憶的地點附近，對我來說已經足夠。

我住的地方是一棟超過百年的民宅，經過主人的愛心修復，我看得出這棟建築本身的歷史經過仔細的探究。穩固的地基承載這棟房子度過一世紀的風雨飄搖，房子最醒目也是最棒的一些特色都保留沒有改變——波浪形的玻璃、深色紅木、弧形露臺俯瞰著後院青蔥蓊鬱的樹木——但經過細心修復找回昔日的榮光。在沉寂的傍晚或清晨的微光中，你幾乎可以聽到二十世紀初住在這棟房子裡的第一戶人家的回聲。

在安靜的獨處中，我思索著人不也是如此嗎？我們與生俱來的基礎和特質需要培養與呵護，以免隨著時間過去而磨蝕殆盡。孩提時代我們興奮地爬上高枝、嘗試新事物，很少會想到自身的限制，跌倒了就爬起來繼續向前走。我在平凡鎮的生活就是這樣，但是這種無懼的生活方式其實一點也不平凡。

所以問題在於，我們每一個人要如何挖掘至內心深處，找出自己的路往回走，或許不是回到平凡，而是回到以往那個更無懼的自我，那個會對自己低語：「你敢嗎？」的自我。

我寫這本書的原因是，在我分享無懼原則的那六年之間，我遇到無數的人回頭來對我說，這些原則帶給他們多大的啟發。聖母大學（Notre Dame）一個年輕的ＭＢＡ學生轉換職涯跑道專攻公眾參與；數十年來一直想在自己住的鎮上設立新博物館的一位婦女，現在正積極推動這件事；這類故事不停傳回到我這裡，有些來自公司企業、有些來自非營利組織、創業家、社會運動者，還有普通人，這些人決定要勇敢承擔風險，要大膽，要從失敗中汲取教訓，要朝著夢想前進，讓世界變得不一樣。期待有一天我會聽到你的故事。

現在去吧，去改變世界吧。

# 致謝

每一個作者決定寫書的理由以及寫作的過程都不一樣。寫第一本書的時候，完成書稿時要感謝的對象往往傾向寧多勿缺，不只是對完成這本書有貢獻的人，還有對生命中其他重要的人，也都想要感謝一番。這就是我現在的情況，在我準備好出版我的第一本書的此刻，我回想著那些激勵我、啟發我，讓我走到這神奇的一刻的那些重要人物，還有那些在過去六年中，與我們一起奮鬥發揚無懼原則的靈魂角色。有些人我已經在前面的篇章中寫過他們的故事，有一些人的名字則是接下來才首次出現。

外子史蒂夫是最早鼓勵我寫這本書的人。當我第一次和他分享原始研究結果時，他就被無懼原則吸引，並且認為這套原則深具潛能，可以推廣至所有部門、所有背景的人。後來無懼原則得到許多迴響，他建議我寫一本書可以更廣泛傳遞這個訊息。史蒂夫是凱斯基金會的董事長，這個基金會雖然是我們兩人共同創辦，但我要感謝史蒂夫的慷慨付出，包括投注的心力和金錢，以及沿路提供寶貴的真知灼見，我們在慈善這條路上相互扶持走過了二十一個年頭。他是優秀的領導人，也是才華橫溢的創新者，我從他身上學習，也和他一起成長，我認為自己很有福氣能有他做為我的人生伴侶。我在寫這本書的時候，史蒂夫一如我們平常的生活模式那般鼓勵我、提出質疑挑戰，並且在每個階段表達愛與支持。毫無疑問，我的人生因為有了史蒂夫而更無懼。

我和史蒂夫共組的家庭中有五個千禧世代的孩子，包括我的兩個女兒妮琪（Nikki）和凱蒂（Katie），以及在結婚後成為我的孩子的埃弗里特（Everett，現已結婚，所以我又多了個女兒 Meaghan）、安妮（Annie）和凱娣（Katie）。成為母親讓我的人生更豐富多彩，當我回首這些年來走過的無懼旅程，我可以清楚看見孩子們深深影響了我看這個世界的眼光。我向他們學習，我的很多看法因為他們而改變，視角變得更寬廣，並且親眼看到這個世代改變世界的潛能。當媽是我人生中最大的幸事之一，與我深愛的家人共處的每一天，我都心懷感激。我的女兒有個愛她們的好爸爸丹·維拉紐瓦（Dan Villanueva），我很感謝他在女兒的生命中扮演了重要的支持角色。

我決定要寫這本書的時候，向我們的厲害朋友兼隊友兼凱斯基金會董事成員羅恩·克蘭求教，羅恩本人的故事可以出書了，他先後擔任了不只一位而是兩位美國副總統的幕僚長。他十分了解我們提出的無懼原則，提供很多珍貴的意見促成了這本書的誕生。打從一開始羅恩就秉持無懼的精神鼓勵我找鮑伯·巴奈特（Bob Barnett）擔任我的出版經紀人。鮑伯是出版界名人，尤其在華府更是出名，曾經為數位前總統和眾多名人出書，是多年來數不清的暢銷書背後的推手。我非常感謝他願意接手我初出茅廬的第一本書，也謝謝他一路上給予的鼓勵、智慧見解、無價的專業知識以及樂趣。

鮑伯建議我考慮找人合作，並且安排我認識出版界另一位老經驗的高手凱瑟琳·惠特尼（Catherine Whitney）。鮑伯知道我已經寫了一些故事闡述無懼的原則，我對這些故事很有感情，他很英明地建議借助凱薩琳獨到而周密的眼光來協助整理書稿。我見到凱瑟琳的那一刻就覺得是命運的安排，從第一次碰面她就明顯對這本書深有共鳴，十分認同這本書要傳遞的訊息，也很喜歡裡面的故事。多虧了凱瑟琳的生花妙筆編輯、改寫、去蕪存菁，並且協助我決定最後的編排，才能完成這本書。整個過程當中我對凱瑟琳的尊敬和喜愛只有更增加，我何其有幸能夠有這樣一位世界第一流的合作者，我期待也希望和她成為一輩子的朋友。

如果沒有西蒙與舒斯特出版社（Simon & Schuster）堅強的團隊做為後盾，這本書不可能成為現實。我要感謝全體人員從一開始的支持，特別感謝喬納森・卡爾普（Jonathan Karp）和李察・羅爾（Richard Rhorer）的指導與意見，還有活潑的雙人組普里西拉・潘頓（Priscilla Painton）和梅岡・霍根（Megan Hogan），謝謝你們的細心引導，讓這本書能順利完工。

我永遠感謝珍・古德博士為本書寫序，她是無懼的絕佳典範，而且從非常年輕到現在一直都是值得仿效的對象。她的故事讓我們看到，在追求大賭注的過程中，有時候欠缺專業訓練或教育背景反而是種優勢。珍畢生追求動物與人類的公平正義，讓我深深感動。沒有幾個人能做到像她那樣，我很幸運託了國家地理學會之福搭起與她之間的橋樑。

無懼原則的智慧財產權屬於凱斯基金會而非我個人所有，這是理所當然的。若非整個團隊的支持協助，我不可能寫出這本書。從最資深的高階主管一路到大學實習生，我們就像一個大團隊那樣共同研究、互相辯論，在這本書的每個新概念成形時一起慶祝。倒不是說我們有個審議委員會之類的組織，而是這本書經過我們仔細思考，找出了全體認為最適合的呈現方式，透過說故事來傳遞無懼原則的重要訊息。其中有兩個人我要特別提出來感謝他們的支持與協助，山姆．海特納（Sam Heitner）和露薏絲．史東姆（Louise Storm），他們二人把這當成自己的書那樣投入，在整個過程中持續給予寶貴的建議和評論，不時給我鼓勵，讓我保持專注。另外也要感謝莎菈．寇克（Sarah Koch），她和我一樣在凱斯基金會推廣分享無懼原則多年，有豐富的經驗，也很清楚知道怎麼樣傳遞這些訊息最能引起共鳴；書中很多故事的相關研究就是她帶著實習生威爾．波茲（Will Potts）一起做的。謝謝潔西．柴茲曼（Jess Zetzman）貢獻行銷和社群媒體的專業技能，還有潔德．佛洛伊德（Jade Floyd）過去六年堅定不移的付出，在我們思索內容呈現的每一種途徑時提供寶貴意見。如果沒有布萊恩．薩瑟（Brian Sasscer）一路扶持指引，我不可能做到在凱斯基金會完成的工作。布萊恩是凱斯基金會視為珍寶的老將，從我在美國線上工作時就與我共事，他和凱斯基金會的前同事麥可・史密斯、愛麗・伯恩斯（Allie Burns）、艾里奇・布羅克薩斯（Erich Broksas）構成了六年前和我一起催生出無懼原則的原始執行團隊，在某種意義上，他們是這個概念的共同創作者，而在本書付梓前，他們每一個人都對書稿提出了寶貴的建言。我也要感謝凱斯基金會的董事會過去六年對這個計畫的熱心支持，西恩・葛林（Sean Greene）、道格・霍拉岱（Doug Holladay）、唐娜・賀伊爾（Donna Hoyle）、羅恩・克蘭、頌恩・樸（Song Pak）、約翰・沙賓（John Sabin）、索娜爾・沙阿（Sonal Shah），還有史蒂夫，謝謝你們。

除了凱斯基金會的團隊，還有三位專業人士為無懼計畫做出重要貢獻。BBMG顧問公司的拉斐爾・班普拉德（Raphael Bemporad）審視了我們在凱斯基金會的工作成果以後，提出了「無懼」的標題名稱以及整個架構。然後我們請布列德・魯克（Brad Rourke）和辛西雅・吉布森（Cynthia Gibson）博士做研究，探討一個簡單的問題：變革性的突破之所以發生，有沒有什麼跨越時間、跨越部門的共同元素？他們收集了許多資料尋找答案，結果發現了本書強調的五大原則。我們非常感謝這三位的重要貢獻，從一開始就為無懼計畫打下穩固的基礎。正式發動無懼計畫時，我們廣邀各界領袖來到凱斯基金會參與這個特別的日子。在此深深感謝華特・艾薩克森（Walter Isaacson）、參議員馬克・華納（Mark Warner）、湯姆・提爾尼（Tom Tierney），以及小布希總統和第一夫人蘿拉的女兒芭芭拉・布希（Barbara Bush），無懼計畫一出台就得到廣大的迴響與支持，這些人功不可沒。數百名夥伴透過網路直播參加我們的午餐會，並且在之後幫忙在自己的組織內分享無懼原則，其中很多人到現在仍然積極熱心分享這些原則，讓我們無限感激。六年後我又看到了同樣的精神，謝謝羅斯・拜爾德（Ross Baird）、吉娜維耶芙・萊恩（Genevieve Ryan）和布拉德・費爾德（Brad Feld）檢閱本書初稿並不吝賜教，他們的意見再次證實，當你開始一個新計畫時，一定要走出自己的泡泡，找人從不同的觀點切入提供改進意見。

感謝那些養育我、啟發我、愛我、鼓勵我的人，沒有你們的愛與支持，這本書不可能成真。我的母親、外祖父母、諾瑪・諾頓（Norma Norton）以及鮑姆加登夫婦（Ernest & Anna Baumgarten）在我生命中扮演無與倫比的角色，他們是無懼人生的榜樣，奉獻心力去追求超越自我的更偉大事物。謝謝我的兩個哥哥傑克（Jack）和吉姆（Jim）一直站在我的背後，在此也對我已故的姊姊茱蒂（Judy）獻上我的愛。傑克和我幾乎每天通話，持續給我愛與支持和鼓勵，是我重要的精神支柱。我很早就把這本書稿寄給他看，他在幾個鐘頭內看完然後打電話給我，帶著滿滿的驕傲與熱忱提供了許多無價的回饋意見。此外我要感謝「凱斯Ohana」（Ohana 是夏威夷語的「家人」），與史蒂夫結婚使我有幸成為其中的一份子。史蒂夫的哥哥丹（Dan）二〇〇一年不幸因腦癌過世，他本人是一個無懼的領導者，他的人生故事到現在依然鼓舞著我們。他和妻子史黛西（Stacey）以及我和史蒂夫一起創立了「加速腦癌治療」（Accelerate Brain Cancer Cure，簡稱為ＡＢＣ２）組織，目標是加速開發這種可怕疾病的治療方式，希望未來幾年能找出治癒的方法。

我要謝謝我的好朋友吉兒．錢德勒（Jill Chandler）分享她身為韓國孤兒的人生故事。我很榮幸能認識她的養父母，他們住在密西根州，這對善心夫婦已有三個小孩，但是受到使命感的驅使，於一九六〇年代飛到首爾帶回了他們珍愛呵護的家族新成員，並且於一年後又新添一個韓國孩子。非常感謝吉兒允許我在書中引用她的故事（第二十三章），早在我加入美國線上之前許久，早在我過上如此寬裕的生活之前，吉兒和我就是好朋友，她陪伴我走過人生的每一個篇章。她不離不棄的支持，以及在我的家庭中扮演的特殊角色，造就了我的世界。

多年來黛安．萊特（Diane Wright）一直是我的偶像，她是我的好朋友，也是一位有才華的律師，近年來每一天都孜孜不倦地為了讓世界變更好而努力，服務於非營利組織和信仰團體。她的作為是我這數十年來仿效的目標，我很珍惜我們清晨一起健行的時光，我們沿著維吉尼亞州波多馬克河（Potomac River）畔的木板步道邊走邊聊天，討論在我們自己的人生中做了多少有意義的事以及多少無懼的表現，省思信仰如何召喚我們為人群服務。

唐恩．布羅克薩斯（Dawn Broksas）是和我一起工作了十八年的好同事，她在我人生當中很多不同方面扮演重要角色，總是默默做好每一件事，讓我有足夠的自由和彈性能趕上急迫的優先事項、到處旅行，還能和親朋好友保持聯絡並且給予支持。唐恩和我同樣來自不起眼的中西部，這本書能得到她的貢獻當然是萬分可喜。

我六年級的導師也是我一輩子的好友倪老師（Carol Neal，在本書一開始的時候介紹過），是這本書重要的審稿人，她細心審查然後傳訊息、打電話提供了許多意見，確保本書的語調能觸及來自所有背景的每一個人。我也仰賴她檢查我對早年生活的記憶，因為她在其中佔了很大的份量。我們拿她幫我審稿的事打趣，因為她除了是我的導師，也是我在當學年紀念冊編輯時的指導老師，所以她幫我檢查作品的歷史還真是悠久。她在我還小的時候點燃了我對信仰的熱情，並且以身作則服務他人，讓我心嚮往之。

我對文字和歷史的熱愛，則是源自中學時的英文老師茹絲・特里皮（Ruth Trippy）和歷史老師鮑伯・畢文（Bob Beavin），他們二人都為我開啟了新的世界，給我信心，讓我無懼地發展我的好奇心和想法，並且透過文字表達出來。故校長肯・瓦克斯（Ken Wackes）教導我追求卓越，並親身示範了自律、毅力，讓我看到應該把我的天賦和能力用於更高層次的人生目標。

本書最前面提到過國會議員克萊．蕭爾，他對我年少青春時期的影響之深再怎麼強調也不為過。他是個徹頭徹尾的紳士，愛家愛妻，終身矢志服務社會，為國為民謀求福利。在那個年代有很多政客的品格不是那麼高尚（尤其是與年輕女性的關係），但是蕭爾在公私兩方面都以廉正聞名。他過世後，在羅德岱堡市長為了紀念他而舉行的祈禱早餐會中，我非常榮幸得到機會講述他在我生命中扮演的重要角色，台下坐了上千名聽眾前來緬懷這個受到這麼多人愛戴的人物。

國家地理學會無懼的男男女女是持續鼓舞我的無懼靈感來源。我在書中分享了一些國家地理學會的故事，這些故事早就在我心中翻滾渴望能夠說出來。在國家地理學會工作的每一天，我遇到的無懼精神總是讓我肅然起敬，包括在野外和探險家及攝影師共度的時間，還有在總部孜孜矻矻工作的後勤人員，他們透過說故事的力量讓科學和探索調查鮮活了起來。我要謝謝國家地理學會和國家地理合作夥伴有限公司（National Geographic Partners）超卓出眾的董事會，我很榮幸擔任這兩個董事會的主席，謝謝你們的無懼，謝謝你們願意冒險，願意建立看似不可能的夥伴關係，願意投下大賭注，我們一起努力讓國家地理的成就比以往任何時候更有意義。我要特別點名約翰・費海（John Fahey）、蓋瑞・克內爾（Gary Knell）和麥可・尤利卡（Mike Ulica），這三位領導人物奠定了整個組織無懼的基調。另外我要謝謝艾瑪・卡瑞斯科（Emma Carrasco）、陶德・喬吉拉斯（Todd Georgelas）、寇特妮・羅維（Courtney Rowe）和托德・赫曼（Todd Hermann）幫忙檢視確認書中許多與國家地理有關的部分。

感謝哈佛商學院社會企業行動計畫（Social Enterprise Initiative）、史丹佛大學慈善與民間社會研究中心（Stanford PACS）以及喬治城大學畢克中心（Beeck Center）的領導人，我很榮幸曾經在這幾個單位服務過。我要特別提出來感謝的幾個人是湯姆・提爾尼、蘿拉・阿里拉加-安德森（Laura Arrillaga-Andreessen）、畢克夫婦（Alberto & Olga Maria Beeck）、金・梅若迪斯（Kim Meredith）以及索娜爾・沙阿。和這些大機構合作猶如開啟了知識和靈感的寶庫，我們把這些都整合至凱斯基金會的工作中。另外我要感謝全美許多大學接納無懼的訊息，在課堂上、大型演講會甚至整個校園內推廣宣傳。這些大學內社會創新最前線的推動者（尤其是學生們）讓我們兢兢業業保持警覺，也讓我們的工作時時保持貼近真實。

另外不得不提的是我服務的其他組織的執行長們，包括大腦信託加速基金（Brain Trust Accelerator Fund）的約翰・雷赫（John Reher）、ABC2的麥克斯・華勒斯（Max Wallace）、腦域公司（BrainScope）的邁可・辛格（Michael Singer），以及白宮歷史協會（White House Historical Association）的史都華・麥克勞林（Stewart McLaurin），謝謝你們帶給我的啟發。

最後我要感謝許許多多無懼的勇士，不分男女老幼，不分背景，有些人的故事在本書中介紹過了，還有很多故事我們透過其他管道分享，例如我們製作的無懼影片系列、個案研究，或是在演講活動中宣揚。我和所有人一樣，有時候會心裡一揪，懷疑自己是否真的無懼。所以我特別感謝這世上有數不清的個人和組織每一天都在實現無懼的五大原則：敢賭一把、勇於承擔風險、讓失敗有意義、走出自己的泡泡、讓急迫性打敗恐懼，這些故事足以鼓舞我們每一個人。

國家圖書館出版品預行編目 (CIP) 資料

這個世界爛透了，我們動手做個好的吧！: 勇敢行動、發揮影響力的五大原則 / 婕恩 . 凱斯 (Jean Case) 著 ; 葛窈君譯 . -- 初版 . -- 臺北市 : 如果出版 : 大雁出版基地發行 , 2020.08
面； 公分
譯自 : Be fearless : 5 principles for a life of breakthroughs and purpose

ISBN 978-957-8567-65-8( 平裝 )

1. 成功法 2. 自我實現

177.2 109009805

# 這個世界爛透了，我們動手做個好的吧！

## ——勇敢行動、發揮影響力的五大原則

Be Fearless: 5 Principles for a Life of Breakthroughs and Purpose

作　　者——婕恩・凱斯（Jean Case）
譯　　者——葛窈君
封面設計——萬勝安
責任編輯——鄭襄憶
行銷業務——郭其彬、王綬晨、邱紹溢
行銷企劃——曾志傑
副總編輯——張海靜
總 編 輯——王思迅
發 行 人——蘇拾平
出　　版——如果出版
發　　行——大雁出版基地
地　　址——台北市松山區復興北路 333 號 11 樓之 4
電　　話——02-2718-2001
傳　　真——02-2718-1258
讀者傳真服務——02-2718-1258
讀者服務信箱 E-mail——andbooks@andbooks.com.tw
劃撥帳號——19983379
戶　　名——大雁文化事業股份有限公司
出版日期——2020 年 8 月 初版
定　　價——380 元
I S B N——978-957-8567-65-8



歡迎光臨大雁出版基地官網
www.andbooks.com.tw
訂閱電子報並填寫回函卡